大连理工大学管理论丛

社会化商务下的参与者行为

李文立　陈　昊
耿师导　陈立荣　著

国家自然科学基金重点项目（71431002，71731003）
国家自然科学基金创新研究群体项目（71421001）
国家自然科学基金地区项目（71862027）
大连理工大学基本科研业务费项目（DUT18RW129）
资助

科学出版社
北　京

内 容 简 介

社会化商务的蓬勃发展提供了更多的交互机会来帮助用户做出更精准合理的购买决策，它把口碑交流和购买行为紧密连接起来，通过消费者参与和互动的方式来传递商业信息，开展商业活动，极大地增强了商业效果。本书致力于探讨社会化商务情境下的社会媒体和网络口碑及在线评论，从行为学的角度揭示诸如消费者、商家，以及保险公司等参与者在社会化商务活动中的基本规律。研究成果为构建社会化商务情境下的理论体系提供必要支撑，同时对于社会化商务的健康发展和创新具有现实意义。

本书可供电子商务和信息系统与信息管理研究方向高年级的硕士生、博士生及教师参阅；同时也可供企事业单位和政府部门相关管理工作者阅读。

图书在版编目（CIP）数据

社会化商务下的参与者行为 / 李文立等著. —北京：科学出版社，2020.3

（大连理工大学管理论丛）

ISBN 978-7-03-063081-0

Ⅰ. ①社…　Ⅱ. ①李…　Ⅲ. ①商务-活动-用户-行为分析　Ⅳ. ①F715

中国版本图书馆 CIP 数据核字（2019）第 244577 号

责任编辑：马　跃 / 责任校对：贾娜娜

责任印制：徐晓晨 / 封面设计：无极书装

科 学 出 版 社 出版

北京东黄城根北街 16 号

邮政编码：100717

http：//www.sciencep.com

北京虎彩文化传播有限公司 印刷

科学出版社发行　各地新华书店经销

*

2020 年 3 月第　一　版　开本：720 × 1000　1/16

2020 年11月第二次印刷　印张：10

字数：202 000

定价：102.00 元

（如有印装质量问题，我社负责调换）

作者简介

李文立

大连理工大学管理与经济学部副部长，博士，教授，博士生导师，教育部新世纪人才计划获得者，辽宁省电子商务类教学指导委员会主任委员，信息系统协会中国分会（China Association for Information Systems，CNAIS）理事，中国系统工程学会青年工作委员会常务理事，国家创新群体、教育部创新团队以及国家重点学科“管理科学与工程”核心团队成员，大连理工大学电子商务中心副主任，大连市电子商务重点实验室副主任。主持国家自然科学基金重点项目 1 项、面上项目 4 项，在国内外重要学术期刊和国际会议上发表论文百余篇。主要研究领域为信息管理、电子商务。

陈昊

青岛大学商学院副教授，大连理工大学管理与经济学部博士，加拿大麦克马斯特大学德格鲁商学院访问学者。目前从事信息系统与信息安全管理、IT 安全与隐私、互联网商务环境下的用户行为等方面的研究。研究成果发表在《管理科学》《科研管理》《管理评论》等教育部认定的国内管理科学 A 级重要期刊，中国信息系统学会会刊《信息系统学报》，*Information Technology & People*，*Information and Computer Security* 等国际期刊，以及亚太信息系统会议等重要国际会议。

耿师导

大连海事大学师资博士后，大连理工大学管理与经济学部博士，美国佛罗里达大学沃灵顿商学院联合培养博士生。目前从事电子商务与信息系统，以及物流与退货管理等方面的研究。研究成果发表在 *Electronic Commerce Research and Application* 等国际期刊，以及亚太信息系统会议等重要国际会议和澳洲信息系统会议等重要国际会议等重要国际会议。

陈立荣

内蒙古大学计算机学院讲师，大连理工大学管理与经济学部博士研究生。目前从事信息管理、电子商务信誉与信任等方面的研究。主持国家自然科学基金项目“在线评论偏差对商家信誉和平台收益的影响及纠偏措施研究”（71862027）。研究成果发表于 *Electronic Commerce Research and Application* 和《管理科学》等国际、国内信息系统领域 A 类期刊，并发表多篇 EI 检索论文。

丛书编委会

总　　序

编写一批能够反映大连理工大学管理学科科学研究成果的专著，是几年前就想做的事情了。这是因为大连理工大学作为国内最早开展现代管理教育的高校，早在1980年就在国内率先开展了引进西方现代管理教育的工作，被学界誉为“中国现代管理教育的先驱，中国MBA教育的发祥地，中国管理案例教学法的先锋”。大连理工大学管理教育不仅在人才培养方面取得了丰硕的成果，在科学研究方面同样也取得了令同行瞩目的成绩。例如，2010年管理学院获得的科研经费已达到2 000万元，获得的国家级项目达到20多项，发表在国家自然科学基金委员会管理科学部的论文达到200篇以上，还有两位数的国际SCI、SSCI论文发表，在国内高校中处于领先地位。在教育部第二轮学科评估中，大连理工大学的管理科学与工程一级学科获得全国第三名的成绩；在教育部第三轮学科评估中，大连理工大学的工商管理一级学科获得全国第八名的成绩。但是，一个非常奇怪的现象是，2000年之前管理学院公开出版的专著很少，不仅与兄弟院校差距明显，而且与自身的实力明显不符。

是什么原因导致这一现象的发生呢？在许多的管理学家看来，论文才是科学研究成果最直接、最有显示度的体现，而且论文时效性更强、含金量也更高，因此出现了不重视专著也不重视获奖的现象。无疑，论文是科学研究成果的重要载体，甚至是最主要的载体，但是，管理作为自然科学与社会科学的交叉成果，其成果载体存在的方式一定会呈现出多元化的特点，其自然科学部分更多地会以论文等成果形态出现，而社会科学部分则既可以以论文的形态呈现，也可以以专著、获奖、咨政建议等形态出现，并且同样会呈现出生机和活力。

2010年，大连理工大学决定组建管理与经济学部，将原管理学院、经济系合并。重组后的管理与经济学部以学科群的方式组建下属单位，设立了管理科学与工程学院、工商管理学院、经济学院以及MBA/EMBA教育中心。重组后的管理与经济学部的自然科学与社会科学交叉的属性更加明显，全面体现学部研究成果的重要载体形式——专著的出版变得必要和紧迫了。本套论丛就是在这个背景下产生的。

本套论丛的出版主要考虑了以下几个因素：第一是先进性。要将管理与经济学部教师的最新科学研究成果反映在专著中，目的是更好地传播教师最新的科学研究成果，为推进管理与经济学科的学术繁荣做贡献。第二是广泛性。管理与经济学部下设的实体科研机构有 12 个，分布在与国际主流接轨的各个领域，所以专著的选题具有广泛性。第三是将其纳入学术成果考评之中。我们认为，既然学术专著是科研成果的展示，本身就具有很强的学术性，属于科学研究成果，那么就有必要将其纳入科学研究成果的考评之中，而这本身也必然会调动广大教师的积极性。第四是选题的自由探索性。我们认为，管理与经济学科在中国得到了迅速的发展，各种具有中国情境的理论与现实问题众多，可以研究和解决的现实问题也非常多，在这个方面，重要的是发扬科学家进行自由探索的精神，自己寻找选题，自己开展科学研究并进而形成科学研究的成果，这样一种机制会使得广大教师遵循科学探索精神，撰写出一批对于推动中国经济社会发展起到积极促进作用的专著。

本套论丛的出版得到了科学出版社的大力支持和帮助。马跃社长作为论丛的负责人，在选题的确定和出版发行等方面给予了极大的支持，帮助管理与经济学部解决出版过程中遇到的困难和问题。同时特别感谢管理与经济学部的同行在论丛出版过程中表现出的极大热情，没有大家的支持，这套论丛的出版不可能如此顺利。

大连理工大学管理与经济学部

2014 年 3 月

前　言

在电子商务活动兴起以前，购物是一种天然带有社交属性的社会过程[①]。购物活动的重要动机在于人们渴望与有相似兴趣的人进行交流，如讨论特定商品、寻求建议、享受与家人和朋友的相处等[②]。随着互联网技术的成熟和普及，Amazon、淘宝、京东等电子商务网站日渐成为人们重要的购物渠道，并突破了传统购物活动中的时间和空间限制，让消费者能够随时随地进行交易活动。但是，这些建构在虚拟网络空间的商务平台将社交属性从消费者的购物活动中剥离了出去，即消费者以操作信息系统的方式独自完成整个交易流程。当互联网进入 Web 2.0 时代，社会媒体的出现克服了物理距离的限制，重新将社会因素引回到购物活动中[③]。在这一背景下，传统电子商务以产品和交易为导向的模式逐步转变为以社会元素和消费者为中心的环境。传统电子商务消费者对于产品的感知、偏好、购买决策几乎只受到电子商务网站的影响；但是在社会媒体的帮助下，社会网络中其他用户的生成内容（user generated content，UGC）和提供的社会支持等也能够对消费者的购买决策施加影响[④]。社会媒体与电子商务的融合再次将社会因素引入商业活动中来，产生全新的商务模式，即社会化商务（social commerce）。Huang 和 Benyoucef[⑤]认为社会化商务是一种基于互联网的商业应用，利用社会媒体和支持社会交互及用户生成内容的 Web 2.0 技术，协助消费者在网络社区和电商平台上制定购买决策，获取产品或服务。

社会化商务的蓬勃发展，将社会媒体、社会交互和商业活动有效地结合在一起，在经营模式及运作机理层面与传统的电子商务形态相比发生显著变化。从业务目标

---

① Evans K R，Christiansen T，Gill J D. The impact of social influence and role expectations on shopping center patronage intentions[J]. Journal of the Academy of Marketing Science，1996，24（3）：208-218.

② Tauber E M. Why do people shop?[J]. The Journal of Marketing，1972，36（4）：46-49.

③ Zhu L，Benbasat I，Jiang Z. Let's shop online together：an empirical investigation of collaborative online shopping support[J]. Information Systems Research，2010，21（4）：872-891.

④ Aral S，Walker D. Creating social contagion through viral product design：a randomized trial of peer influence in networks[J]. Management Science，2011，57（9）：1623-1639.

⑤ Huang Z，Benyoucef M. From e-commerce to social commerce：a close look at design features[J]. Electronic Commerce Research and Applications，2013，12（4）：246-259.

上看，传统电子商务专注于提高和优化系统技术功能，如信息搜索、一键购买、商品推荐系统等来促进消费者进行交易以及帮助商家获得最大化销售收入；而社会化商务的业务目标则在销售商品的基础上将社会目标也考虑在内，即通过提供不同的社会机制鼓励消费者之间建立关系，促进协作和信息分享，同时也鼓励其购买行为。在客户连接方面，传统电子商务消费者通常单独与平台进行交互；而社会化商务支持消费者之间进行沟通和社会互动。在系统交互方面，传统电子商务平台提供的是单向浏览方式，消费者反馈产品和购买过程的信息渠道相对较少；而社会化商务则依靠社会媒体为消费者提供更多表达和分享社会信息与产品信息的机会。社会媒体使得消费者的购买决策不再仅仅受到由营销人员生成内容（marketer-generated content，MGC）的影响，还会受到社会媒体上的用户生成内容和社会交互的影响。

上述变化使得社会化商务的参与者行为及其特征对于社会化商务系统的正常运行和进一步纵深发展与服务创新更具重要意义。在此背景下，本书致力于探讨社会化商务情境下的一系列新兴现象，并揭示现象背后的关键要素与运作机理。例如，社会媒体对于消费者的购买与服务满意有何作用？口碑或评论是消费者进行社会化商务活动的重要信息源，那么在线评论对于消费者的关键作用机理为何？当出现负向评论时，商家应该如何采取措施来降低消费者的不满？保险公司又该如何根据消费者的在线评论信息进行有效的退货运费险设计？此外，社会化商务还催生了各种网络购物节（online shopping festival），通过对购物节大数据的分析来揭示消费者的行为决策与特征差异，对于社会化商务活动的开展与消费者细分有重要的实践价值。

具体而言，本书主要包括以下几个方面的内容。

1. 社会媒体与消费者满意度

第 1 章关注社会化商务中的核心构件——社会媒体在社会化商务中的关键作用。本书基于社会资本理论和计算机沟通媒介的相关研究构建研究模型，探讨社会化商务模式下社会媒体的媒介属性对消费者满意度的影响机制。本书致力于从理论上深化对社会媒体媒介属性与消费者满意度关系的认识，以及揭示三种不同类型的社会资本在满意度形成中的关键作用。

2. 网络口碑、在线评论与消费者购买行为

第 2 章探讨网络口碑对于消费者购买行为的作用机制。评论信息是社会化商务中由消费者自发生成的涉及商品、服务等诸多方面的信息，是对以往消费购物体验的综合性评价和情绪呈现。构建网络口碑信息对于消费者行为的认知和情感反应模型，并引入好奇心探讨网络口碑对于消费者行为的关键作用。

第 3 章探讨如何降低已有负面评论对潜在消费者购买意愿（purchasing intention，PI）的影响。恰当的回复策略能够削弱负面评论的消极影响，提升潜在消费者购

买意愿与商家的信誉和形象。基于归因理论和商家回复的相关研究结论构建研究模型。探究潜在消费者由于阅读负面评论而形成的产品归因对购买意愿的影响机理，并揭示商家回复的间隔时间、口吻和匹配度在产品归因与潜在消费者购买意愿之间起到的调节作用。

3. 在线评论发表的激励机制设计

第 4 章探讨激励消费者发表在线评论的用户反馈机制设计。在线商务环境下，在线评论存在供给不足和评论不真实的问题。从在线商务平台的立场出发，首先建立贝叶斯推理模型模拟消费者感知商家信誉的过程。其次建立博弈模型对比平台和商家分别作为激励主体时的激励效果，发现平台作为第三方来实施激励可以获取更加真实的评论信息。

4. 基于在线评论的退货运费险定价策略设计

第 5 章关注退货运费险定价问题。从保险公司的立场出发，建立基于在线产品评论中不确定性信息的退货运费险利润模型，旨在分析不确定性信息对退货运费险定价的影响。以前景理论与退货模型为基础，通过利用隐含在产品评论中的不确定性对退货运费险需求与退货量预测的关系，建立基于在线产品评论的退货运费险利润模型，将客观的保险定价与主观的消费者评论结合起来。

5. 网络购物节下的消费者行为差异

第 6 章探讨网络购物节情境下的消费者行为的差异性。基于记录消费者真实的网站访问轨迹的大样本点击流数据，考虑消费者决策过程的多阶段特征，利用双重差分方法分析网络购物节对消费者信息搜集（information search）、方案评估（evaluation）、购买决定（purchase decision）行为的影响，并结合消费者特征分析网络购物节影响作用的性别差异，客观反映消费者受到网络购物节的影响，其购买决策行为的变化，强调网络购物节期间的市场细分问题。

本书是大连理工大学管理与经济学部*李文立教授 IT 行为研究团队针对社会化商务所取得的一系列研究成果的集中展示。这些成果综合采用基于问卷和结构方程的实证研究方法、计量经济学及数据建模分析等方法，致力于揭示社会化商务参与者（消费者、商务平台与保险公司）的行为特质以及在社会化商务活动中的一般性规律和作用机理。本书研究主题涉及网络口碑和负面在线评论、社会媒体、退货运费险、网络购物节等。本书研究成果尝试在理论层面和方法层面进行拓展和创新，关注中国社会化商务的发展实际和应用。

本书得到国家自然科学基金重点项目（71431002，71731003）、国家自然科学基金创新研究群体项目（71421001）、国家自然科学基金地区项目（71862027）和

---

* 现更名为经济管理学院

大连理工大学基本科研业务费项目（DUT18RW129）的资助。全书内容来源于李文立教授研究团队多年的研究成果，由硕士研究生梁欢、高琳、徐琬月和赵宇晴分别撰写第 1~3 章和第 6 章的初稿内容，由博士研究生陈昊完成对上述内容的统筹与编写整理；第 4 和 5 章分别由博士研究生陈立荣和耿师导撰写初稿内容并校对。全书的书稿统筹、整理和校对工作由李文立教授和博士研究生陈昊、耿师导和陈立荣完成。

希望本书对于社会化商务的探讨有助于从参与者行为角度反映社会化商务发展的一般性规律和关键结论，为社会化商务行为理论体系的构建贡献力量，同时为中国社会化商务的健康发展提供管理启示。

由于时间和水平有限，书中难免存在不足之处，敬请读者不吝指正。

目　　录

第1章　社会媒体对于消费者满意度的影响机理

在社会化商务背景下，传统电子商务网站和社会媒体对于消费者满意度均有重要影响，但是以往的研究较少关注社会媒体及其所代表的社会因素的关键作用。本书基于社会资本理论和计算机沟通媒介的相关研究构建研究模型，探讨社会化商务模式下社会媒体的媒介属性对消费者满意度的影响作用机制。实证研究结果表明，社会临场感（social presence，SP）和互动性（interactivity，INT）这两种社会媒体媒介属性通过信任（trust，TR）和互惠规范（norms of reciprocity，NR）（关系资本）的完全中介作用正向影响消费者满意度。除此之外，产品价格是社会关系联结（结构资本）与消费者满意度关系的调节变量。产品价格越高，社会关系联结对于消费者满意度的正向显著影响越强烈；产品价格较低时，社会关系联结对于消费者满意度无显著性影响。本书从理论上深化了对社会媒体媒介属性与消费者满意度关系的认识，揭示了三种不同类型的社会资本在满意度形成中的关键作用。

1.1　问 题 描 述

社会媒体与电子商务正在融合成一种新兴的社会化商务模式[1]。该模式下，电子商务网站不再是消费者唯一的信息获取渠道。社会媒体作为计算机媒介沟通（computer-mediated communication，CMC）工具，支持用户间进行人际沟通，以群体的形式对个体消费者的行为施加影响[2]。社会媒体用户的高活跃度和广泛参与的特点，使得传统电子商务服务提供商希望考虑借助社会媒体的力量来扩大用户群。例如，阿里巴巴旗下的淘宝、天猫平台在已有评论系统的基础上加入“社会化问答系统”，如图 1.1 所示。问答系统允许消费者提出个性化的问题，由其他购买过该产品的消费者或商家来回答。此外，聚集着拥有相似爱好、兴趣用户的社会媒体平台也积极利用自身的流量和用户优势，通过开发自营电子商务平台或引入第三方平台的方式将“用户”转化为“客户”。例如，豆瓣设立“豆瓣东西”频道，允许用户发布第三方电商平台销售的商品，吸引其他用户讨论、收藏。同时提供该商品的购买链接，当有用户通过豆瓣提供的链接进入该网店购买时，豆瓣可以按比例获得销售分成，如图 1.2 所示。这一盈利模式也为其他社会媒体所采纳，如垂直论坛“虎扑体育”和商品推荐社区“什么值得买”。

图 1.1　淘宝平台社会化问答系统（www.taobao.com）

图 1.2　豆瓣东西（www.dongxi.douban.com）

持续使用社会媒体有助于个体更多地获取社会网络中的资源——社会资本[3]。社会资本能够促进消费者主动分享产品知识和购买经验，以更好地满足自身需求，从而增进满意度[4]。而社会媒体自身的特性是影响消费者获取社会资本的重要因素[5]。因此，社会媒体自身的特性及其蕴含的社会资本是社会化商务情境下消费者满意度提升的关键。

已有研究表明，较高的满意度意味着更多有益于商家的消费者行为，如重复购买、高忠诚度等[6, 7]。已有电子商务消费者满意度研究多从网站和服务质量入手，发现网站质量[8, 9]和服务质量[10, 11]对消费者满意度有促进作用，而忽视社会媒体及其所代表的社会因素的影响。尽管全社会电子商务交易额仍在保持高速增长[12]，消费者的网购总体满意度却在 2012~2015 年下降了近 20%[13]。在社会化商务背景下，提高消费者满意度是学者和商家重点关注的问题，揭示如何利用社会媒体提高消费者满意度有着重要的现实意义。

本书基于社会资本理论和 CMC 相关研究结论，着重探讨社会媒体对于消费者满意度的影响路径，具体包含三个方面的内容：

（1）社会媒体如何影响消费者获取社会资本？

（2）社会资本如何影响消费者满意度？

（3）社会资本在社会媒体影响满意度的关系中是否起到中介作用？

1.2　社会媒体及其属性

1.2.1　社会媒体的产生及其含义

在今天所熟悉的微博、博客（Blog）、社交网络、UGC 视频社区、论坛等社会媒体出现之前，互联网世界已经有类似的应用。1979 年前后，来自杜克大学的 Tom Truscott 和 Jim Ellis 创建了一个允许所有互联网用户公开发布信息的讨论系统 Usenet；20 世纪 90 年代，Bruce 和 Susan Abelson 创建了一个写作日记的社区“Open Diary”；同时，博客的概念也在当时形成。随着 2003 年 MySpace 的成立和 2004 年社交网络 Facebook 的兴起，社会媒体开始受到越来越多的关注。

本书对社会媒体的理解采纳 Kaplan 和 Haenlein 的定义，即社会媒体是一组建立在 Web 2.0 理念和技术基础上，能够创建和交换 UGC 的互联网应用[14]，是社会化商务区别于传统电子商务活动的最显著特点。

Web 2.0 和用户生成内容是社会媒体定义中的两个重要概念。“Web 2.0” 这一名词出现在 2004 年，最早用来描述一种软件开发者和终端用户利用互联网的方式。区别于传统的“Web 1.0”时代，Web2.0 模式下互联网平台上的内容和应用不再仅由个体开发者与用户来创造和发布，所有用户都能以参与和合作的方式持续修改与完善这些内容和应用。在人人皆可创造的理念基础上，Web 2.0 还包括一组基本的 IT 技术来支撑其理念的实现。这些技术包括：制作互动性动画、视频、音频流媒体的 Flash 技术；通过异步检索数据，在不影响整个网页内容显示的情况下更新部分内容的 AJAX（Asynchronous Javascript and XML）技术；等等。“UGC”这一名词自 2005 年开始广泛传播，通常用来描述由终端用户创造并发布的不同形态的媒体内容，同时也被看作人们具体利用社会媒体的方式。支持 UGC 的社会媒体能够为普通的互联网用户提供一个参与表达、创造、沟通和分享的环境。在所有可以被称作“社会媒体”的互联网应用中，用户既是网络信息资源的消费者，同时也是网络信息资源的生产者和传播者。

1.2.2 社会媒体的属性

Hoffman 和 Novak[15]指出 CMC 最显著的媒介特点为临场感和互动性。社会媒体是一种典型的 CMC 工具，据此本书从社会临场感和互动性两个方面来分析社会媒体的媒介属性。

社会临场感用来衡量 CMC 工具交互过程中的人际关系凸显程度[16]。媒体的社会临场感越高，沟通方被感知为“真人”的程度就越高。互动性则是指“用户可以实时修改媒介环境的形式和内容的程度”[17]，包含控制（control，CT）、双向通信（two-way communication，TWC）和同步性（synchronicity，SYN）三个维度[18]，分别表示用户对于沟通过程的主动控制程度、沟通是双向进行的程度及沟通的同步程度。社会临场感和互动性是一种媒介自身传送社会线索的客观能力[19]，还可用于度量他人存在的主观感受[20]。考虑到用户的差异性知觉是影响其行为变化和人际关系的建立的重要前提[20]，本书将社会临场感和互动性作为感知变量进行测度操作。

1.2.3 社会媒体的影响

社会媒体具有媒体性和社会性两方面影响[14]。首先，作为一种支持双向沟通的互动媒体，社会媒体在支持商业组织进行市场营销方面具有巨大的优势和潜力。有学者从市场营销角度对它展开了丰富的研究，如 Ickler 等认为社会媒体能够重新塑造原有的消费者和公司的关系[21]，即企业将有更多机会在购买过程中，甚至产品制造环节引入消费者的建议。Mangold 和 Faulds 提出社会媒体是一种混合的促销组合（promotion mix）：在传统营销意义上，它能够帮助公司与消费者进行沟通；在非传统营销意义上，它还能允许消费者之间进行低成本的沟通[22]。

其次，社会媒体还具有社会性影响。Aral 和 Walker 发现 Facebook 平台上的病毒营销特性（viral features）会产生同伴影响（peer influence）和社会传染（social contagion）效果[23]。Forman 等针对某在线社区的研究发现信息发布者所披露的身份信息能够在一定程度上补充甚至取代其所发布的产品信息对于其他消费者购买决策的影响，而在线社区内部的社会规范又是影响个人身份信息披露行为的前置因素[24]。相关研究表明，典型的 CMC 工具难以促进沟通者建立社会关系[25]；而社会媒体不仅可以帮助沟通者形成人际关系网络，这种网络中还蕴含着能促进社会行为的社会资本[26]。以往的 CMC 研究表明，不同媒体在帮助沟通者建立社会关系方面存在差异的根本原因在于传递社会线索能力的不同。

另外，社会媒体本质上作为一种信息系统能够有效地记录用户的行为痕迹，这使得社会媒体上传播的内容成为分析消费者偏好和决策的重要原料。消费者发布的口碑信息是社会媒体上的重要内容，研究表明这类信息对于其他消费者的行为具有重要影响。例如，Chevalier 和 Mayzlin 的研究证明，电商网站中消费者发布的书评与图书的销量正向相关[27]。除此之外，社会媒体中的口碑信息与电影票房等产品之间的关系也被探讨，如 Forman 等[24]、Zhu 和 Zhang[28]发现正面口碑与票房的正向关系；Asur 和 Huberman 的研究利用 Twitter 用户对于电影的讨论内容来预测电影的票房收入[29]。另外，社会媒体中的信息还对金融市场具有一定的影响。Xu 和 Zhang 研究了 Wikipedia 这一社会媒体如何通过信息聚集的功能为金融市场投资者优化信息环境，证实 Wikipedia 上关于上市公司的负面新闻聚集能够影响到公司管理层的自愿信息披露行为[30]。

1.3　理论基础与研究模型

1.3.1　社会资本理论

社会资本是个人或社会单元之间形成的社会网络（人际关系网）中的实际和潜在的可获得资源的总和[31]，它存在于持续交往的关系网络中，是信任、合作等社会行为产生的基础[32]。对于个体而言，获取较多的社会资本表现为与他人建立更多的社会联系（社会网络规模较大）和获取更多辅助决策的信息（更多的资源）。在社会化商务情境下，消费者通过社会媒体结成关系网络，并沿着社会关系分享关于产品及购买过程的知识和经验，依靠这些信息做出更准确的购买决策[33]，提升满意度。社会资本能够促进群体内的知识分享行为[11]。因此，社会媒体中的社会资本成为影响消费者满意度的关键因素。本书以 Nahapiet 和 Ghoshal 提出的三维度社会资本概念为框架，分别论证它们与消费者满意度之间的关系[31]。

1）结构资本与满意度

结构资本描述个体或社会单元之间的非人格化网络设置，表示社会网络的整体模式，即你认识谁及如何联结到他们[31]。社会媒体提供“关注”“好友关系”等机制来映射用户间的社会关系，产品和购买信息沿着这些社会关系流动。本书使用“社会交互联结”（social interaction ties，SIT）表征结构资本，描述消费者间社会关系的强度、维系关系花费的时间和沟通频率[34]。社会化商务情境下，消费者拥有数量越多、越紧密的社会关系（社会交互联结）意味着获取有效产品信息的机会越多[35]；获取到的信息越多，有助于做出更准确的购买决策，最终提高其满意程度[36]。综上提出假设：

$H_{1.1}$：社会交互联结正向影响消费者满意度。

2）认知资本与满意度

认知资本描述能够为社会网络中的各方提供共同表述和解释的资源，这种资源可以促进网络中成员对于目标和恰当的行为方式的统一性理解[31]。认知资本包括“共同语言”（shared language，SL）和“共同愿景”（shared vision，SV），对成员间的资源交换活动有促进作用[31,34]。

共同语言表示用户交流时拥有能够互相理解的语言的程度，包括术语、特定简写等[31]，是人际社会网络中交换信息的先决条件。例如，对于不了解诸如 SPF（sun protection factor，防晒系数）等特定术语的消费者而言，他们将难以在与他人的互动中获取有效的防晒品信息。社会网络中的共同语言提高了信息沟通效率，进而提高购物过程的满意程度。因此提出假设：

$H_{1.2a}$：共同语言正向影响消费者满意度。

共同愿景表示用户分享相似的兴趣、目标和价值观的程度[32]。拥有共同愿景意味着群体内愿意分享和交换数量更多、质量更高的信息[24]。在社会化商务环境下，相似的价值观和目标（如愿意帮助他人解决问题）可以增进消费者之间的信息互通，进而提高总体的满意度。因此提出假设：

$H_{1.2b}$：共同愿景正向影响消费者满意度。

3）关系资本与满意度

关系资本强调人际关系属性，如信任和信誉、社会规范和惩罚等[31]。在社会化商务情境下，消费者社会网络中存在的信任和互惠规范是关系资本最重要的两方面。

首先，信任表示消费者对处于同一个社会媒体与自己进行社会交互的群体拥有的普遍信任，广泛存在于社交网络、虚拟社区等社会媒体中[37]。在线环境的匿名化和交互“一次性”的特点，使得用户在信息分享时会面临隐私风险，建立一对一的人际信任也更为困难。因此在社会媒体情境下面向整个群体的普遍信任就非常重要[38]，如“我信任某网站的用户”要比“我信任某用户”更有价值。信任意味着相信其他用户具有解答特定问题的能力、能够提供诚实和善意的帮助[39]。在线群体中存在的信任在促进消费者主动分享信息和知识的同时也极大地提升了这些信息和知识被其他消费者采纳和接受的意愿[37]。因此，社会媒体中信任的建立可以帮助消费者获取大量的可信任信息，极大地促进了消费者的信息需求。已有研究表明消费者的信息获取有助于购买决策的准确，最终提高其满意程度[36]。因此提出假设：

$H_{1.3a}$：信任正向影响消费者满意度。

其次，社会行动者在进行信息等资源的社会交换活动时需要遵守诸如“付出必有回报”的互惠规范[40]。互惠规范是信息互动的必要前提。消费者相信自己的信息分享，能够得到某种形式（如认同、尊重）的回馈。这种期望将保证群体内的合作和支持等行为的持续，催生更多高质量信息[34]。因此，社会网络中互惠规范的存在使得消费者愿意主动贡献自己的经验和知识，帮助其他人了解产品，进而做出更能满足自身需求的购买决策，提高满意度。因此提出假设：

$H_{1.3b}$：互惠规范正向影响消费者满意度。

1.3.2　计算机沟通媒介的相关研究

Bourdieu 指出个人拥有社会资本的多少在很大程度上取决于行动者可以有效地加以运用的联系网络的规模的大小，即增加有效联系人数量，可以在总体上获取更多社会资本[32]。基于文字沟通，缺乏声音、图像等信息的互动方式使得应用 CMC 工具建立人际关系变得困难[41]。线索缺失理论（cues-filtered-out）认为社会线索的缺失是制约 CMC 沟通者建立社会关系的阻碍[42]。研究表明，向 CMC 环境下的沟通者提供极少量的社会线索信息就可以降低模糊性、促成双方建立积极的印象，促成人际关系的建立[43]。因此，社会线索的传递是社会化商务消费者通过社会媒体建立人际关系，以及后续参加社会互动和信息交换活动的重要前提。社会媒体本身的媒体维度是影响沟通者传递社会线索的本质因素[14]，而社会临场感和互动性是描述媒介传递社会线索能力的重要构念[15,44]。换句话说，社会媒体在社会临场感和互动性两方面的差异会影响沟通者建立社会关系，进而影响个体获取社会资本。

1）社会临场感与社会资本

较高程度的社会临场感能够正向影响亲密社会关系的建立[20]。社会媒体允许用户建立个人页面、设置签名和头像、使用文字和表情等与他人进行在线沟通。

这些功能通过传递多样化的社会线索帮助用户降低模糊性、形成正面印象，提高心理上的亲近感，并促进社会关系的建立[41]。因此提出假设：

$H_{1.4a}$：社会临场感正向影响社会交互联结。

共同语言和共同愿景是促成信息交换的重要资源[34]。作为社会交互的“场所和空间”，如果社会媒体不能展示提示对方为“真人”的社会线索，用户将难以形成正面印象，从而放弃与他人进行社会交互[43]，共同语言和兴趣、价值观等便无从谈起。社会临场感是提高学习有效性的重要因素[45]。消费者感知到的社会临场感越高，学习和了解其他用户的兴趣和语言效果越好，越能促进形成群体内的共同语言和共同愿景。因此提出假设：

$H_{1.4b}$：社会临场感正向影响共同语言。

$H_{1.4c}$：社会临场感正向影响共同愿景。

在线社会网络中发展信任的障碍有两点[38]：时空距离将群组成员分隔，难以进行同步沟通；缺少非言语社会线索，沟通方难以形成对对方的印象，感知到其“真人”的程度较低。社会情境是人际信任产生的一个先决条件，当别人展示出符合自己期望的行为或信号时，信任才会产生[40]。实证研究证明，电子商务情境下的社会临场感能够产生较高程度的信任[46]。因此提出假设：

$H_{1.4d}$：社会临场感正向影响信任。

Flynn 发现身份认知倾向能够影响其选择社会交换规范的偏好[47]：如果某成员定义自己为社会群体中的一员时，那么他在社会交换时倾向于采用互惠规范，即对于付出者的回报可能不直接来自受益者，而是来自群组内的第三方。较高的社会临场感能够凸显群体身份[41]，用户会产生互惠预期。因此提出假设：

$H_{1.4e}$：社会临场感正向影响互惠规范。

2）互动性与社会资本

社会化商务较为常见的交互方式是：分享者发出一条信息（如最近购买或希望购买产品的网店链接），之后会收到多个回复；分享者与这些回复者之前可能未曾接触过。存在于人际的不确定性和模糊性会阻碍社会关系的建立和信息交换。而社会媒体能够提供双向通信能力促成用户之间快速地进行信息传输和反馈（即双向通信和同步性）；允许用户决定发布信息的内容和形式（即主动控制）。研究表明，互动性能够大幅降低用户信息缺乏所导致的不确定性，促成高质量关系的建立[20]。另外，较高互动性能够促进消费者的认知学习[48]，因此容易激发成员间的互相理解、解读对方所用语言的含义、了解甚至认同对方的兴趣点和价值观。因此提出假设：

$H_{1.5a}$：互动性正向影响社会交互联结。

$H_{1.5b}$：互动性正向影响共同语言。

$H_{1.5c}$：互动性正向影响共同愿景。

在社会化商务情境下，用户使用头像、签名等机制得到少量的社会线索，使得社会网络中存在一定程度的初始信任[49]。当消费者在社会化商务网站中交换产品信息时，如果能够主动调整自己的沟通内容和方式（控制），并快速地做出回应（双向通信和同步性），说明该消费者具有解决此问题的能力和愿意帮忙的善意，这将有助于其他消费者对其产生信任[50]。另外，较高的互动性意味着信息提供者能够根据信息需求者的需要，调整自己的回复内容和形式（控制），并及时回应信息（双向通信和同步性），这些行为增强群体内“人们应该互相帮助”的互惠规范。因此提出假设：

$H_{1.5d}$：互动性正向影响信任。

$H_{1.5e}$：互动性正向影响互惠规范。

1.3.3　社会资本要素的中介作用

本书认为社会资本在社会媒体的媒介属性（即社会临场感和互动性）与消费者满意度的关系中起到中介作用。首先，对于特定媒体用户，能感知到的社会临场感和互动性程度越高，就越可能感到满意[48,51]。而且，一定程度的社会临场感和互动性使得消费者更容易获得社会资本，如果消费者不能在社会媒体中感知到“真人”的存在（低社会临场感）或者无法和他人进行互动性沟通（低互动性），那么他很难获取社会资本。在社会化商务情境下，如果消费者没有足够的社会资本，表现为他没有足够的社会关系获取产品相关的信息（结构资本）；没有足够的认知资源理解群体内信息的含义（认知资本），无从判断产品质量；不相信其他人的能力和善意（关系资本），因此不会采纳他人的信息形成购买决策，那么整个购买过程很难满足其购买需求，满意度可能较低。综上所述，本书认为如果社会媒体无法帮助消费者获取社会资本，那么该社会媒体正向影响消费者满意度的能力将变弱。因此提出假设：

$H_{1.6}$：社会资本要素（社会交互联结、共同语言、共同愿景、信任、互惠规范）在社会临场感和消费者满意度之间起中介作用。

$H_{1.7}$：社会资本要素（社会交互联结、共同语言、共同愿景、信任、互惠规范）在互动性和消费者满意度之间起中介作用。

1.3.4　产品价格的调节作用

多种不同因素会影响消费者的满意度，这种关系的强弱会被产品价格调节[52]。本书认为产品价格在社会交互联结与消费者满意度的关系中起调节作用，即产品价格越高，消费者拥有紧密且联系频繁的社会关系对于其满意度影响越大。Kim 和

Krishnan 的研究表明，价格是影响电子商务消费者是否愿意在不完全了解产品的情况下（面临较高的不确定性）继续购买的重要因素[53]。当产品价格较低时，消费者会选择继续购买而不考虑不确定性问题；当产品价格较高时，消费者会先解决不确定性问题再决定是否购买。不确定性本质上是一种信息不对称，社会化商务消费者可以借助社会媒体获取到 UGC，而不只是依靠商家或营销者作为信息来源，由此可以在一定程度上减弱信息缺乏而造成的产品判断难题[54]。面对高价产品时，如果消费者拥有较多、联系较频繁的社会联系（社会交互联结），那么他有更多机会降低不确定性[55]，做出更准确的购买决策，提高满意度；而面对低价产品时，提供信息的社会联系是否存在，对于消费者的购买决策影响不大。因此，提出假设：

$H_{1.8}$：产品价格在社会交互联结与消费者满意度的关系中起正向调节作用。

综上所述，本章研究模型如图 1.3 所示。

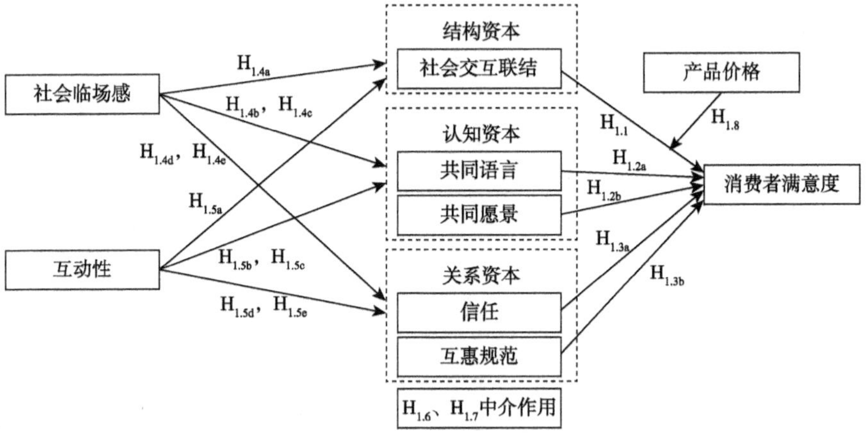

图 1.3 研究模型

1.4 研究设计

1.4.1 变量测量

采用问卷调研法进行数据采集。测量项选取过往研究中采用的指标（表 1.1），并结合本书的研究对象和研究目的进行了适当调整。满意度考察消费者最近一次在社会化商务平台上购买过程的评价，测度项来源于 Fang 等的研究量表[21]。社会资本维度的测量依据 Chiu 等的研究开发测度项[34]。社会媒体的社会临场感和互动性采用 Ou 等[20]和 Lowry 等[18]的研究进行测度，其中互动性以控制、双向通信、同步性构成的反映式二阶变量操作。问卷共计 28 个测度项，均采用利克特 5 级量表进行刻画，1~5 代表被试对于测量项内容的认可和同意程度，“1”表示完全不同意，“5”表示完全同意。为了保证量表的内容效度（validity），邀请三位相关领域的专家对问卷进行评测。随后，抽取 30 位具有社会化商务购买经验的高校学生进行先导测试，并在其反馈基础上再次对问卷进行调整，保证问卷的内容效度。

表1.1　量表内容

构念	项目	因子载荷
消费者满意度（SAT）	您对最近一次通过社会媒体的网购经历的满意程度是____	
	总体来说是满意的	0.963
	总体来说感觉愉快	0.962
社会交互联结（SIT）	我与该社会媒体的用户保持着紧密的社会关系	0.712
	我与该社会媒体的用户有频繁的在线交流	0.871
	我在该社会媒体上结识了很多网友	0.866
	我花费很多时间与该社会媒体中的用户互动	0.824
共同语言（SL）	该社会媒体使用共通的网络语言，如特定的缩写、符号、行话等	0.726
	该社会媒体用户之间使用能够互相理解的交流方式来讨论相关问题	0.870
	该社会媒体中的用户使用能够互相理解的语句来发表文章或帖子	0.823
信任（TR）	我相信该社会媒体中的用户知道一些我不了解的产品知识和信息	0.831
	我在购买过程中会参考该社会媒体中的用户提供的信息和经验	0.859
	我认为该社会媒体中的很多用户是诚实和值得信任的	0.733
社会临场感（SP）	使用该社会媒体时，我有一种与人接触的感觉	0.853
	使用该社会媒体时，我感觉到一种人情味	0.907
	使用该社会媒体时，我感受到人所具有的敏感性和温度	0.861
控制（CT）	使用该社会媒体时，浏览体验很大程度上由自己控制	0.905
	使用该社会媒体时，我可以自由选择自己希望获取的信息	0.890
双向通信（TWC）	我可以通过该社会媒体与其他用户进行双向沟通	0.879
	社会媒体为我提供了很多与其他用户交流的机会	0.881
同步性（SYN）	社会媒体用户回复我的评论或消息的速度很快	0.758
	我能很迅速地从社会媒体中的其他用户那里获取信息	0.841
	当我与社会媒体上的其他用户沟通时，能得到即时反馈	0.862
共同愿景（SV）	该社会媒体的用户愿意帮助其他人解决与产品或购买相关的疑问	0.766
	该社会媒体的用户愿意向其他人了解更多与产品或购买相关的知识和经验	0.830
	我认为帮助其他用户了解更多与产品或购买有关的信息是愉快的	0.802
互惠规范（NR）	我在购买产品时得到过社会媒体用户的帮助，因此我也会选择去帮助其他人	0.864
	当我需要了解与产品或购买有关的信息时，社会媒体上的用户一定会提供必要帮助	0.850

1.4.2 样本收集

通过在线方式将电子问卷发放给高校学生和企业职员，这两个群体是网购用户的主体[2]，因此本书样本具有一定的代表性。对于购买后消费者行为研究，相关研究经常采用回想法（recall method）[21,52]。据此，本书要求被试者回忆最近三个月时间内曾经使用社会化商务平台进行购买的经历，并根据这段经历进行问卷填写。对收集到的数据进行了清洗，删除掉明显恶意回答等无效问卷后，最终得到有效样本数为 298 个。样本统计特征见表 1.2。

表1.2　样本构成分布表

分类指标		样本数/个	占比	分类指标		样本数/个	占比
性别	男	119	39.933%	产品价格	0~199 元	175	58.725%
	女	179	60.067%		200~499 元	75	25.168%
学历	本、专科学历	140	46.980%		500~999 元	21	7.047%
	硕士研究生	138	46.309%		1000 元及以上	27	9.060%
	博士研究生	12	4.027%	年龄	20 岁以下	25	8.389%
	其他	8	2.685%		20~30 岁	265	88.926%
社会媒体类别	微博	92	30.872%		30~40 岁	6	2.013%
	社交网络	99	33.221%		40 岁以上	2	0.671%
	博客	19	6.376%	网购经验	1 年以下	9	3.020%
	垂直论坛	12	4.027%		1~3 年	77	25.839%
	消费社区	57	19.128%		3~5 年	112	37.584%
	其他	19	6.376%		5 年以上	100	33.557%

1.5 数据处理与结果

1.5.1 共同方法偏差检验

使用 Harman 单因子检验，如果单个因子能够解释 50%以上的总方差，说明本书构建的模型在一定显著性水平上存在共同方法偏差。对本书构建的模型的数据进行探索性因子分析后得到总计解释方差 63.9%，单个因子最大方差解释度为30.1%。之后对初始解应用方差极大旋转法对因子载荷矩阵进行旋转分析，结果表明单一因子对总方差的解释度不超过 15.2%。本书构建的模型的数据不受共同方法偏差的影响。

1.5.2　测量模型检验

信度（reliability）较高说明量表所得的结果是可以信赖的，被试者对反映同一潜变量的一组测量项的回答应该是接近的、一致性较高的。本模型中绝大部分构念的Cronbach's α系数在0.7以上；所有构念中最小的复合信度系数CR为0.842，超过临界值0.7。综上表明测量项具有足够程度的内部一致性。信度检验结果见表1.3。

表1.3　潜变量的信度和相关系数

变量	CT	SAT	NR	SIT	SL	SV	SP	SYN	TWC	TR
CT	**0.898**									
SAT	0.289	**0.963**								
NR	0.405	0.380	**0.857**							
SIT	0.042	0.103	0.156	**0.821**						
SL	0.316	0.245	0.406	0.299	**0.808**					
SV	0.430	0.381	0.653	0.189	0.473	**0.800**				
SP	0.243	0.197	0.473	0.332	0.392	0.485	**0.874**			
SYN	0.277	0.241	0.447	0.392	0.375	0.507	0.480	**0.822**		
TWC	0.368	0.288	0.488	0.268	0.433	0.530	0.461	0.530	**0.880**	
TR	0.405	0.366	0.445	0.129	0.537	0.543	0.425	0.338	0.438	**0.809**
Cronbach's α	0.759	0.921	0.639	0.837	0.732	0.719	0.845	0.760	0.710	0.734
CR	0.892	0.962	0.847	0.891	0.849	0.842	0.907	0.861	0.873	0.850
AVE	0.806	0.927	0.735	0.674	0.653	0.640	0.764	0.675	0.775	0.655

注：黑体数字代表AVE的平方根值

构念效度（construct validity）反映测量工具与构念（潜变量）的一致性。表1.3结果显示，所有构念的平均萃取方差平方根大于单个构念与模型中其他构念间的所有相关系数；从构念间的相关系数矩阵可以看出，相关系数最大值为0.653（<0.7），综上表明构念间区分程度较高。另外，所有构念的AVE值大于0.5，表明收敛效度较好。综上，数据具有良好的信度和效度。

1.5.3　结构方程检验

使用基于PLS（partial least squares，偏最小二乘法）的结构方程模型（structural equation modeling，SEM）进行假设检验分析，没有发现控制变量，即产品价格、性别、年龄、学历、网购经验，对于因变量满意度的影响作用。遵循Lowry等的研究[18]，将互动性操作为一个由三个一阶反映型构念构成的二阶反映型构念，即控制、双向通信、同步性。如表 1.3 所示，三个一阶构念显示出良好的信度和效度。之后使用因子分析法对互动性进行检验[56]，从图 1.4 可以观察到二阶因子互动性和一阶因子控制、双向通信、同步性之间的关系，表明三个因子在 $p < 0.001$ 水平下显著。结构模型的检验结果如图 1.4 所示，本书得到如下结论。

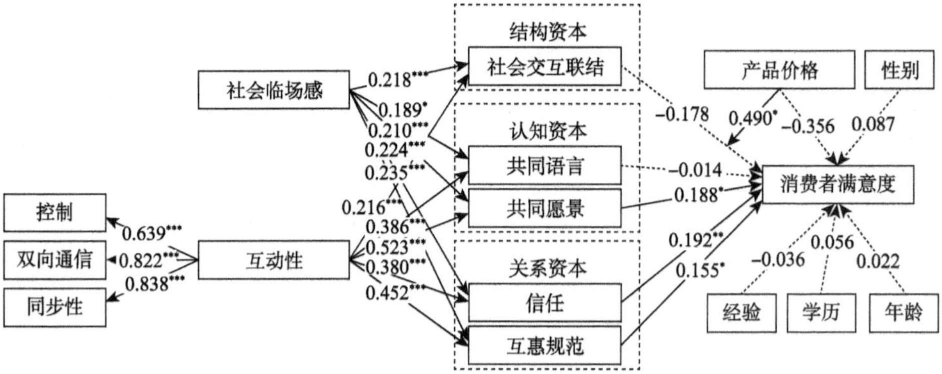

图 1.4　假设检验结果

*表示 $p < 0.05$，**表示 $p < 0.01$，***表示 $p < 0.001$；
虚线代表路径不显著

（1）没有发现社会交互联结（结构资本）对于消费者满意度的影响作用（$H_{1.1}$：β=–0.178，$p > 0.05$），$H_{1.1}$ 没有得到支持。结论表明，当消费者之间没有就特定产品或购买过程进行信息交换时，仅凭客观存在的社会关系并不能直接影响购买决策的制定。结构资本的作用可能与消费者购买产品的价格有关，下面将进一步对此进行检验。

（2）共同语言与满意度之间的关系没有得到证明（β=–0.014，$p > 0.05$），$H_{1.2a}$ 没有得到支持。这一结论与 Chiu 等的研究类似，他们的研究没有发现共同语言能够显著影响虚拟社区中用户分享信息的数量[34]。可能的解释是，社会媒体中的共同语言更多的作用可能在于消除沟通障碍，而不在于获取产品信息的准确性和可信度，从而对购买决策和购买过程没有显著影响。另外，共同愿景显著正向影响消费者满意度（$\beta = 0.188$，$p < 0.05$），$H_{1.2b}$ 得到支持。

（3）信任（$\beta = 0.192$，$p < 0.01$）和互惠规范（$\beta = 0.155$，$p < 0.05$）这两种关系资本显著正向影响消费者满意度，$H_{1.3a}$ 和 $H_{1.3b}$ 得到支持。

（4）社会媒体的媒介属性能够正向影响消费者获取社会资本。社会临场感显著正向影响消费者的结构资本（$H_{1.4a}$：$\beta = 0.218$，$p < 0.01$）、认知资本（$H_{1.4b}$：$\beta = 0.189$，$p < 0.05$；$H_{1.4c}$：$\beta = 0.210$，$p < 0.001$）、关系资本（$H_{1.4d}$：$\beta = 0.224$，$p < 0.001$；$H_{1.4e}$：$\beta = 0.235$，$p < 0.01$）；互动性显著正向影响消费者的结构资本（$H_{1.5a}$：$\beta =$

0.216, $p < 0.001$)、认知资本($H_{1.5b}$: $\beta = 0.386$, $p < 0.001$; $H_{1.5c}$: $\beta = 0.523$, $p < 0.001$)和关系资本($H_{1.5d}$: $\beta = 0.380$, $p < 0.001$; $H_{1.5e}$: $\beta = 0.452$, $p < 0.001$)。$H_{1.4}$和$H_{1.5}$得到支持。

1.5.4　中介作用分析

为了对中介效应$H_{1.6}$和$H_{1.7}$进行检验，遵循适合于并列多重中介变量的 Bootstrap 方法[57,58]。应用 SPSS 进行 5 000 次 Bootstrap，置信度为 95%，Bootstrap 置信区间方法为偏差纠正，如表 1.4 所示。结果表明，关系资本（即信任和互惠规范）在社会临场感和互动性与消费者满意度关系中起到完全中介作用，而结构资本和认知资本的中介作用没有被验证，$H_{1.6}$ 和 $H_{1.7}$ 得到部分支持。消费者在使用社会媒体过程中感知到其他人存在或感知互动性本身不是影响消费者满意度的直接原因，只有当这两个媒介属性能够促进消费者获取到信任，以及群体内互动时遵循互惠规范时，才能影响其最终满意度水平。

表1.4　社会资本的中介效应检验

变量	中介效应检验（社会临场感）			中介效应检验（互动性）		
	下限	上限	是否包括 0	下限	上限	是否包括 0
社会交互联结	−0.018	0.055	是	−0.029	0.042	是
共同语言	−0.062	0.042	是	−0.078	0.052	是
共同愿景	−0.017	0.155	是	−0.052	0.187	是
信任	0.040	0.164	否	0.034	0.184	否
互惠规范	0.039	0.187	否	0.026	0.194	否
中介效应总计	0.184	0.386	否	0.132	0.405	否
社会临场感	−0.209	0.047	是		/	
互动性		/		−0.061	0.236	是
中介效应类型		完全*			完全*	

*社会资本总体上在社会临场感和互动性与消费者满意度的关系中起到中介作用，其中信任和互惠规范起到完全中介作用，社会交互联结、共同语言和共同愿景的中介作用未得到验证

1.5.5　调节作用分析

遵循 Liang 等的方法[59]，使用 SmartPLS 2.0 对产品价格在社会交互联结与消费者满意度关系中的调节作用进行检验（$H_{1.8}$）。首先，PLS 检验结果表明价格的调节作用是显著的（$\beta = 0.490$，$p < 0.05$）。之后根据公式 $f^2 = [R^2$（带交互效应的模型）$-R^2$（主效应）$]/[1-R^2$（带交互效应的模型）$]$计算效应量（effect size）为

0.02。Fang 等（2014）[21]认为，效应量划分准则（即效应量大于 0.02 表示影响作用较小、超过 0.15 表示影响中等、0.35 及以上表示有很大的影响）是一种适用于描述所有影响作用而不仅用于描述交互作用的通用准则，而且效应量较低的通常原因是乘积项（product terms）的低信度而不是理论模型中的关系问题。综上，本模型中的调节效应属于可以接受的范围。为了进一步揭示调节效应，按照均值±标准差分别绘制价格高低情境下的两条回归曲线，如图 1.5 所示。从图 1.5 中可以看出，随着价格的升高，社会交互联结与消费者满意度的关系得到强化，即社会交互联结与消费者满意度的关系受到产品价格的显著调节作用，产品价格越高，社会交互联结对于消费者满意度影响越大；产品价格越低，社会交互联结对于消费者满意度影响越小，$H_{1.8}$ 得到支持。消费者在做出购买决策时面临着较大的产品不确定性，对于价格较低（与信息搜寻成本相比）的产品，他们不会主动去咨询社会网络中的其他消费者。这种情况下，是否与其他消费者具有紧密而频繁的联系对于购买决策不是那么重要。相反，当产品价格较高时，消费者会试图通过咨询他人来解决产品的不确定性问题。与其他消费者具有的社会联系越紧密、沟通越频繁，就越有机会得到有价值的信息和建议，从而做出更准确的购买决策，影响最终的满意度评价。价格在社会交互联结和消费者满意度中的调节作用，即 $H_{1.8}$ 得到验证，正是这种调节效应使得 $H_{1.1}$ 未得到验证。

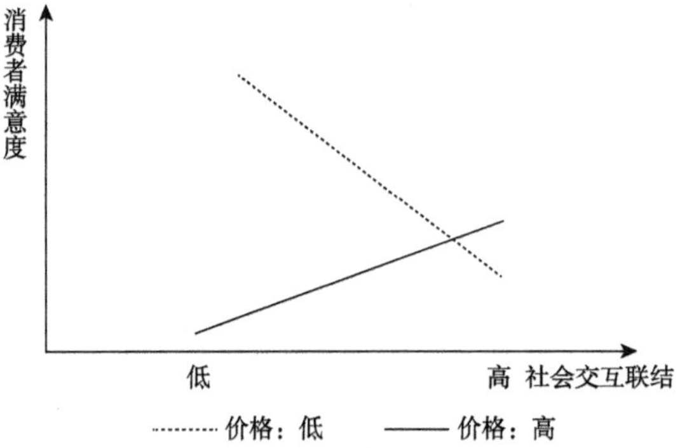

图 1.5　产品价格的调节效应

以上关于社会资本的中介效应和产品价格的调节效应检验均为分开进行。为了获得更高的研究效度，本书进一步检验产品价格调节作用下的社会交互联结的中介效应。本书遵循陈瑞等学者使用的带调节的中介检验方法[58]，分别检验产品价格在社会交互联结中介社会临场感和互动性与满意度关系中的调节效应。采纳 Bootstrap 方法，根据研究模型选择 model 14，样本量选择 5 000，在 95%置信区间下，当自变量为社会临场感时，置信区间为（−0.028，0.055），包括 0；当自变量为互动性时，置信区间为（−0.027，0.052），包括 0。结果表明在自变量分别为社会临场感和互动性时，调节中介效应均不显著。进一步按照调节变量的均值、均值加减一个标准差，区分高、中、低三种产品价格，分析不同价格条件下社会交互联结在社会临场感和互动性与满意度关系中的中介效应，所得置信区间均包括 0。综上所得，社会交互联结在产品价格的调节作用下，仍然没有显著中介效应。

1.6　研究贡献与管理启示

1.6.1　理论贡献

本书围绕社会媒体展开研究，探讨社会媒体对消费者满意度的影响问题，做出如下理论贡献。第一，本书有助于理解社会媒体在社会化商务模式中扮演的角色，丰富社会化商务消费者满意度研究。前人对于电子商务满意度的研究更多地关注商务平台本身的影响，而很少关注社会媒体的作用。社会化商务作为一种新兴的电子商务模式，通过集成社会媒体引入社会性因素影响消费者购买是其最大特点。这种社会性因素集中表现在社会媒体中消费者人际网络的形成。本书研究结果表明，社会资本是社会媒体影响社会化商务消费者满意度的本质原因，认知维度（共同愿景）和关系维度（信任、互惠规范）社会资本在互动性与满意度的关系中起到完全中介的作用；社会临场感只在能够正向影响消费者获取社会资本时才能间接对满意度产生影响。因此，社会资本是社会媒体媒介属性影响消费者购买决策过程的本质因素。

第二，本书拓展了社会资本理论的应用领域，实证研究了其对于消费者满意度的影响，并证明社会临场感和互动性等媒介属性为其前置因素。前人对于社会资本的研究大多集中于其结果变量，如社会资本如何促进在线用户的信息分享行为或线下组织的价值创造活动[31,34]。与这些研究类似，本书在社会化商务情境下利用社会资本理论理解消费者满意度，并证明社会资本维度确实能提升满意度水平。但是很少有学者关注社会资本的前置因素，本书对其进行了初步探讨。社会资本是蕴含于社会网络中的一种资源；社会化商务情境下的消费者社会网络形成于社会媒体这一信息系统中，那么社会媒体本身的性质有可能通过影响社会网络来影响社会资本。研究结果证实，社会临场感和互动性这两个社会媒体媒介属性是消费者获取社会资本的前置因素，拓展和完善了社会资本理论。

第三，本书为社会媒体和 IT 行为研究提供新的思路。根据 Delone 和 Mclean 提出的信息（内容）和系统（内容投送系统）[60]，信息系统学者对于社会媒体较多关注其信息维度，如针对口碑信息进行的大量研究。而本书则侧重于探讨社会媒体系统本身特性的影响。结合既有 CMC 研究和社会资本理论，本书以“社会网络和社会交换活动载体”的视角来看待社会媒体。社会化商务情境下，消费者发布的帖子、文章，回复的消息、留言等信息是社会媒体这一系统负责传递的内容。与面对面沟通相比，CMC 环境下社会线索的缺乏导致用户间社会关系难以建立，阻碍用户间进行沟通、分享、协作。那么，社会媒体传递社会线索能力的不同将在一定程度上影响人际社会网络的建立过程，进而影响用户的后续行为。社会临场感和互动性可以用来度量媒介传输社会线索的能力，很可能是社会媒体影响消费者行为的本质因素。研究结果验证了本书的假设。因此，从系统维度看待社会媒体或其他 IT 人工构件有可能为信息系统研究带来新的角度。

第四，本书证实社会化商务情境下，消费者所购买的产品的价格是影响其重视在线社会关系与否的重要因素。具体来说，当购买低价产品时，消费者能够接受在一定产品不确定性的情况下做出购买决定，因而不重视自己是否与社会媒体中其他消费者建立了紧密的社会联系。当购买高价产品时，消费者无法回避产品不确定性的问题，更加重视与其他消费者的社会联系，希望借此获得更多有价值的信息以做出准确的购买决定。这一结论表明，产品本身的因素（如价格）是影响社会化商务模式发挥其社会性优势的重要因素：当购买产品价格较低时，消费者的购买活动基本不受社会媒体中的其他消费者的影响；只有在购买高价产品时，社会媒体中的社会关系对于消费者做出购买决策的重要性才得以凸显出来。

1.6.2 管理启示

本书对电子商务平台运营者和社会媒体服务提供者具有一定的实践意义。在互联网环境激烈竞争的当下，较高的消费者满意度能够为电子商务商家带来竞争优势。为了提高平台内消费者满意度水平，本书建议电子商务平台运营者应重视社会媒体在消费者整个购买过程中发挥的重要作用。

第一，社会资本的关系维度和认知维度对于消费者满意度有正向影响，那么电子商务运营者应该充分利用社会媒体在促进和引导消费者形成社会网络、提升消费者社会资本方面的作用。例如，在社会媒体中引进“好友评价”等机制来显示消费者的善意和互惠历史；展示某消费者所获得“有用”或“赞”的数量来显示其解决某领域问题的能力，以此来增进消费者之间的信任水平和互惠规范（关系资本），有效提高消费者满意度。社会媒体中的共同愿景也能够直接影响消费者满意度，建议电商平台可以根据不同消费者的爱好和购买历史将其分为若干小组，并在其个人首页中展示“小组勋章”，以增进消费者理解社会群体内通用的价值观和共同的兴趣（认知资本），以此提升满意水平。通过“勋章”带来的社会身份构建还能够促进互惠规范的遵守，同样可以提升消费者满意度。

第二，社会媒体的社会临场感和互动性是影响消费者获取社会资本的重要因素，因此本书建议社会媒体服务提供者关注媒介的社会线索传递能力。相关的社会媒体设计工作可以从提高社会临场感和互动性两方面入手，如为用户提供照片、视频、音乐等多种工具展示自己，提升社会媒体内的感知社会临场感；增加用户间互动的渠道，如添加“有用”按钮或“礼物机制”来及时认可分享者的付出；通过设置离线自动回复功能或在线聊天工具实现即时反馈；应用问答机制允许选择特定用户来回答自己的个性化问题等提升互动性。提升社会媒体的媒介属性、增加社会化商务消费者之间在线相遇并发生社会交互的机会，最终能够增大消费者之间建立社会网络的可能性，最终提高整个购买过程的满意度水平。

第三，研究发现产品价格能够正向调节社会关系联结对于消费者满意度的影响。那么，本书建议销售价格较高产品，如奢侈品、高价电子产品、高端化妆品的商家应重视社会媒体及其附带社会关系的影响，通过设立社会媒体平台或借助第三方平台来促进已经购买产品的消费者和潜在购买者形成社会网络，彼此分享与产品或购买有关的信息。潜在购买者在社会媒体中建立的社会联系有助于其购物满意度的提升，因此为平台带来竞争优势。对于销售价格较低产品的商家来说，尽管消费者在社会媒体中的社会关系对最终的满意度影响不显著，但是蕴含在关系网络中的信任、共同愿景等社会资本因素一样能够提升整体的满意度水平。

1.6.3　不足与展望

本书存在一些不足和缺憾，未来的研究可以通过解决本书的不足进一步拓展相关问题。第一，移动端电子商务正在呈现爆发式增长，然而本书并未特别区分移动端和 PC 端。两种平台的社会媒体属性和社会资本获取来源可能存在一定的区别，后续研究可以专门针对移动端进行。第二，本书的被试者以青年人群为主，后续研究可以重点关注不同群体（如中老年群体和农村人口）进行社会化商务购买过程中满意度的变化。第三，后续研究可以使用诸如社会网络分析等方法进一步探讨结构资本的不同表征，如结构洞、网络密度等因素对消费者购买行为及满意度是否产生影响，可能会得出不同视角下的研究结论。

1.7　小　　结

本书探讨了社会化商务情境下社会媒体如何通过影响消费者获取社会资本来

影响其购物满意度。实证研究结果表明，社会媒体的两个媒介属性，社会临场感和互动性是影响消费者获取社会资本的前置因素；关系维度（信任、互惠规范）和认知维度（共同愿景）能够直接正向影响消费者满意度，并在互动性影响消费者满意度的关系中起到完全中介的作用。另外，本书发现消费者所购买产品的价格是调节社会交互联结与消费者满意度之间关系的变量：产品价格较低时，社会交互联结的影响不显著；产品价格较高时，社会交互联结正向影响消费者满意度的程度变强。这些发现丰富了消费者满意度研究，并且加深了相关领域对于社会化商务和社会媒体的理解。在研究结论的基础上，本书为相关理论研究和电子商务实践提供了启示和建议。

参考文献

[1] Liang T P，Turban E. Introduction to the special issue social commerce：a research framework for social commerce[J]. International Journal of Electronic Commerce，2011，16（2）：5-14.

[2] 周涛，鲁耀斌. 基于社会影响理论的虚拟社区用户知识共享行为研究[J]. 研究与发展管理，2009，21（4）：78-83.

[3] 孙元，彭新敏，潘绵臻. 员工持续使用企业内部微博与社会资本互动影响机制研究[J]. 商业经济与管理，2015，280（2）：27-35.

[4] Oliver R L. Cognitive，affective，and attribute bases of the satisfaction response[J]. Journal of Consumer Research，1993，20（3）：418-430.

[5] Hung K H，Li S Y. The influence of eWOM on virtual consumer communities：social capital，consumer learning，and behavioral outcomes[J]. Journal of Advertising Research，2007，47（4）：485-495.

[6] Anderson R E，Srinivansn S S. E-satisfaction and e-loyalty：a contingency framework[J]. Psychology & Marketing，2003，20（2）：123-138.

[7] Yang Z，Peterson R T. Customer perceived value，satisfaction，and loyalty：the role of switching costs[J]. Psychology & Marketing，2004，21（10）：799-822.

[8] Mckinney V，Yoon K，Zahedi F M. The measurement of web-customer satisfaction：an expectation and disconfirmation approach[J]. Information Systems Research，2002，13（3）：296-315.

[9] Lin H F. The impact of website quality dimensions on customer satisfaction in the B2C e-commerce context[J]. Total Quality Management and Business Excellence，2007，18（4）：363-378.

[10] 查金祥，王立生. 网络购物顾客满意度影响因素的实证研究[J]. 管理科学，2006，19（1）：50-58.

[11] 周涛，鲁耀斌. 基于 SERVQUAL 的消费者网上重复购物行为研究[J]. 管理科学，2007，20（3）：61-67.

[12] 国家统计局. 2014 年全社会电子商务交易额突破 16 万亿[EB/OL]. http://www.stats.gov.cn/

tjsj/zxfb/201508/t20150803_1224544.html，2015-08-03.

[13] 解放日报. 网购新常态 完善正当时[EB/OL]. https://www.shobserver.com/journal/2015-02-28/page_08.htm，2015-02-28.

[14] Kaplan A M，Haenlein M. Users of the world，unite! The challenges and opportunities of social media[J]. Business Horizons，2010，53（1）：59-68.

[15] Hoffman D L，Novak T P. Marketing in hypermedia computer-mediated environments：conceptual foundations[J]. The Journal of Marketing，1996，60（3）：50-68.

[16] Short J A，Willams E，Christie B. The social psychology of telecommunications[M]. New York：John Wiley & Sons，1976.

[17] Steuer J. Defining virtual reality：dimensions determining telepresence[J]. Journal of Communication，1992，42（4）：73-93.

[18] Lowry P B，Romanio N C，Jenkins J L，et al. The CMC interactivity model：how interactivity enhances communication quality and process satisfaction in lean-media groups[J]. Journal of Management Information Systems，2009，26（1）：155-196.

[19] Daft R L，Lengel R H. Organizational information requirements，media richness and structural design[J]. Management Science，1986，32（5）：554-571.

[20] Ou C X，Pavlou P A，Davison R. Swift guanxi in online marketplaces：the role of computer-mediated communication technologies[J]. MIS Quarterly，2014，38（1）：209-230.

[21] Fang Y，Qureshi I，Sun H，et al. Trust，satisfaction，and online repurchase intention：the moderating role of perceived effectiveness of e-commerce institutional mechanisms[J]. MIS Quarterly，2014，38（12）：407-427.

[22] Mangold W G，Faulds D J. Social media：the new hybrid element of the promotion mix[J]. Business Horizons，2009，52（4）：357-365.

[23] Aral S，Walker D. Creating social contagion through viral product design：a randomized trial of peer influence in networks[J]. Management Science，2011，57（9）：1623-1639.

[24] Forman C，Ghose A，Wiesenfeld B. Examining the relationship between reviews and sales：the role of reviewer identity disclosure in electronic markets[J]. Information Systems Research，2008，19（3）：291-313.

[25] Walther J B. Relational aspects of computer-mediated communication：experimental observations over time[J]. Organization Science，1995，6（2）：186-203.

[26] Coleman J S. Social capital in the creation of human capital[J]. American Journal of Sociology，1988，94（Supplement）：95-120.

[27] Chevalier J A，Mayzlin D. The effect of word of mouth on sales：online book reviews[J]. Journal of Marketing Research，2006，43（3）：345-354.

[28] Zhu F，Zhang X. Impact of online consumer reviews on sales：the moderating role of product and consumer characteristics[J]. Journal of Marketing，2010，74（2）：133-148.

[29] Asur S，Huberman B A. Predicting the Future with Social Media[C]. In Proceedings of the International Conference on Web Intelligence and Intelligent Agent Technology，August 31-September 3，2010，Toronto，Canada. New York：IEEE，2010：492-499.

[30] Xu S X，Zhang X. Impact of Wikipedia on market information environment：evidence on management disclosure and investor reaction[J]. MIS Quarterly，2013，37（4）：1043-1068.
[31] Nahapiet J，Ghoshal S. Social capital，intellectual capital，and the organizational advantage[J]. Academy of Management Review，1998，23（2）：242-266.
[32] Bourdieu P. Forms of capital[C]// John C R. Handbook of Theory and Research for the Sociology of Education. New York：Greenwood，1986：241-258.
[33] Curty R G，Zhang P. Website features that gave rise to social commerce：a historical analysis[J]. Electronic Commerce Research and Applications，2013，12（4）：260-279.
[34] Chiu C M，Hsu M H，Wang E T. Understanding knowledge sharing in virtual communities：an integration of social capital and social cognitive theories[J]. Decision Support Systems，2006，42（3）：1872-1888.
[35] 左文明，王旭，樊偿. 社会化电子商务环境下基于社会资本的网络口碑与购买意愿关系[J]. 南开管理评论，2014，（4）：140-150.
[36] Hong Y，Pavlou P A. Product fit uncertainty in online markets：nature，effects，and antecedents[J]. Information Systems Research，2014，25（2）：328-344.
[37] 周涛，鲁耀斌. 基于社会资本理论的移动社区用户参与行为研究[J]. 管理科学，2008，21（3）：43-50.
[38] Blanchard A L，Welbourne J L，Boughton M D. A model of online trust：the mediating role of norms and sense of virtual community[J]. Information，Communication & Society，2011，14（1）：76-106.
[39] Bhattacherjee A. Understanding information systems continuance：an expectation-confirmation model[J]. MIS Quarterly，2001，25（3）：351-370.
[40] Blau P M. Exchange and Power in Social Life[M]. London：Transaction Publisher，1964.
[41] Tanis M，Postmes T. A social identity approach to trust：interpersonal perception，group membership and trusting behavior[J]. European Journal of Social Psychology，2005，35（3）：413-424.
[42] Sproull L，Kiesler S. Reducing social context cues：electronic mail in organizational communication[J]. Management Science，1986，32（11）：1492-1512.
[43] Tanis M，Postmes T. Social cues and impression formation in CMC[J]. Journal of Communication，2003，53（4）：676-693.
[44] Liu Y，Shrum L. What is interactivity and is it always such a good thing? Implications of definition，person，and situation for the influence of interactivity on advertising effectiveness[J]. Journal of Advertising，2002，31（4）：53-64.
[45] 戴鑫，卢虹. 社会临场感在多领域的发展及营销研究借鉴[J]. 管理学报，2015，12（8）：1172-1183.
[46] 赵宏霞，王新海，周宝刚. B2C 网络购物中在线互动及临场感与消费者信任研究[J]. 管理评论，2015，27（2）：43-54.
[47] Flynn F J. Identity orientations and forms of social exchange in organizations[J]. Academy of Management Review，2005，30（4）：737-750.

[48] Jiang Z，Benbasat I. Research note-investigating the influence of the functional mechanisms of online product presentations[J]. Information Systems Research，2007，18（4）：454-470.

[49] Bente G，Rüggenberg S，Krämer N C，et al. Avatar-mediated networking：increasing social presence and interpersonal trust in net-based collaborations[J]. Human Communication Research，2008，34（2）：287-318.

[50] 吴思，凌咏红，王璐. 虚拟品牌社区中互动、信任和参与意愿之间的关系研究[J]. 情报杂志，2011，30（10）：100-105.

[51] 唐晓波，陈馥怡. 微信用户满意度影响因素模型及实证研究[J]. 情报杂志，2015，34（6）：114-120.

[52] 邬适融，陈洁，曾艺生，等. 消费者持续满意度研究：基于快乐适应视角[J]. 南开管理评论，2011，14（1）：130-137.

[53] Kim Y，Krishnan R. On product-level uncertainty and online purchase behavior：an empirical analysis[J]. Management Science，2015，61（10）：2449-2467.

[54] Goh K Y, Heng C S, Lin Z. Social media brand community and consumer behavior：quantifying the relative impact of user-and marketer-generated content[J]. Information Systems Research，2013，24（1）：88-107.

[55] Adjei M T，Noble S M，Noble C H. The influence of C2C communications in online brand communities on customer purchase behavior[J]. Journal of the Academy of Marketing Science，2010，38（5）：634-653.

[56] Edwards J R. Multidimensional constructs in organizational behavior research：an integrative analytical framework[J]. Organizational Research Methods，2001，4（2）：144-192.

[57] Preacher K J，Hayes A F. Asymptotic and resampling strategies for assessing and comparing indirect effects in multiple mediator models[J]. Behavior Research Methods，2008，40（3）：879-891.

[58] 陈瑞，郑毓煌，刘文静. 中介效应分析：原理、程序、Bootstrap 方法及其应用[J]. 营销科学学报，2011，9（4）：120-135.

[59] Liang H，Xue Y，Wu L. Ensuring employees' IT compliance：carrot or stick?[J]. Information Systems Research，2013，24（2）：279-294.

[60] DeLone W H，McLean E R. Information systems success：the quest for the dependent variable[J]. Information Systems Research，1992，3（1）：60-95.

第2章　网络口碑与消费者购买行为

本章基于“刺激–有机体–反应”（stimulus-organism-response，SOR）模型和精细加工可能性模型（elaboration likelihood model，ELM），考察了社会化商务中网络口碑的论据质量（argument quality，AQ）和信息源可靠性（source credibility）对消费者购买意愿的影响，尤其是论据强度（argument strength，AS）和信息源活跃度（source dynamism，SD）的作用。并挖掘了认知反应（cognitive response，CR），特别是情感反应（affective response，AR）在该过程中扮演的重要角色，以及兴趣型好奇心（interest-type curiosity，I-C）和绩效型好奇心（deprivation-type curiosity，D-C）分别对情感反应和认知反应与消费者购买意愿关系的调节作用。结构方程分析结果显示，论据效价（argument valence，AV）和信息源活跃度显著增强消费者的情感反应，论据强度、信息源能力（source competence，SC）、信息源可信度（source trustworthiness，ST）和信息源活跃度显著增强消费者的认知反应。消费者的购买意愿受情感反应和认知反应的共同影响，且在认知反应与购买意愿的关系中，情感反应起部分中介作用。同时，兴趣型好奇心和绩效型好奇心分别正向调节情感反应和认知反应与消费者购买意愿的关系。

2.1　问 题 描 述

网络口碑作为社会化商务的关键构成要素之一[1,2]，是指网络消费者通过网络媒介所传播的有关产品、服务、企业品牌等个人体验、评价、讨论和推荐信息[3]。中国互联网络信息中心报告显示，截至2014年6月，我国网民规模达6.32亿人，互联网普及率为46.9%，其中以社交为基础的综合平台类应用的使用率在移动端的推动下提升至89.3%[4]。另有数据显示，社会化商务交易规模在2019年可达20 605.8亿元，同比增长高达63.2%，同时社交电商消费者已达5.12亿人[5]。越来越多的网络用户通过微博、微信、BBS（bulletin board system，电子公告牌系统）等虚拟社区进行互动，83%的在线买家倾向于在社交网络上分享和交换购买产品或服务的感受，67%的消费者愿意接受来自社交网站的建议，并根据他人的推荐和评论做出购买决策[6]。社会化商务中，由于社会化媒体的易达性和网络口碑的可获取性，消费者有机会了解更多的社会知识和经验辅助自己做出更精准的购买决策。网络口碑营销已经成为驱动社会化商务市场扩大及消费者购买量增长的重要因素之一。

学术界对于网络口碑的影响效力以及决定网络口碑影响效力的因素的关注由来已久，一致性地认为与网络口碑信息结构有关的评论数量[7~9]、评论长度[10, 11]、评论打分[9, 12, 13]、情感偏向[14, 15]和与网络口碑发送者特征有关的评论者身份信息[16, 17]与专业性[15, 17]会对消费者感知网络口碑的有用性[10, 17, 18]以及产品或服务的销量[11, 19]产生影响。然而，很少有学者关注网络口碑的论据强度和信息源活跃度的作用。实际上消费者不仅关注评论的数量、长度等统计上的信息，评论内容对消费者的说服力度更会影响其对网络口碑可靠性的感知，进而影响对该网络口碑的采纳[14, 20]。还有学者强调了评论者发布评论时的情感唤起程度，即评论者活跃度的重要性[21, 22]。而且，以往研究成果大都过多地关注了消费者的认知要素，却忽略了购买决策过程中情感因素的重要性。尽管认知逻辑被广泛认为是影响个体行为的因素，但是基于情感和认知的推断在人们日常对事物的评价判断中是同时存在的。而且，社会化商务情境下，消费者参与可能取决于社会互动和娱乐价值[23]。研究发现，用户对社交网站的强烈的情感态度能够促进他们对网络口碑采纳[20]和参与网络口碑沟通[24]的意向。因此，社会化商务情境下，有必要同时考察情感反应和认知反应对消费者购买意愿的影响。此外，可能存在某些调节变量帮助本书更好地理解社会化商务中情感反应和认知反应与消费者购买意愿的关系。

人格特质是个体在受到外部刺激时，为了适应环境所表现出的动机、兴趣、态度等方面的独特性质，是个体在行为上的一种内在倾向的表示，决定了个体在行为表现方面的差异[25]。好奇心作为一种重要的人格特质，是个体受到外界事物的刺激所产生的一种想探寻未知的反应，是影响个体行为的一种重要内在动机，对人的情感、认知以及处理获取信息的努力程度都会产生影响[20]。已有研究表明，好奇心在管理者的决策制定、知识搜索和信息加工等情境下发挥着重要作用[26, 27]。如今，社交网站上的评论信息倍受关注，人们喜欢学习新鲜事物并搜索新颖信息来消除信息差，正是这种好奇心，促使人们成为社交网站上的探索者和发现者[27]。特别是在社会化商务情境下，消费者的购买行为更是一种信息搜索和决策制定的过程，好奇心的作用将变得更加凸显。然而，在信息系统领域中，以往研究大量探索了大五人格特质对个体网络购物行为的影响，却鲜有社会化商务情境下好奇心对消费者购买行为意向的影响机制研究。

本书基于SOR模型和ELM模型，解释了社会化商务中网络口碑的论据质量和信息源可靠性对消费者购买意愿的影响，尤其是论据强度和信息源活跃度的作用。考察了认知反应，特别是情感反应在该过程中所扮演的重要角色。并在 SOR 模型的基础上，引入好奇心构念，在考察个体内部状态对消费者行为意向影响的同时，更进一步从人格特质视角探讨了兴趣型好奇心和绩效型好奇心分别对情感反应和认知反应与消费者购买意愿关系的调节作用。本书不仅展开了一个全新的研究视角，而且研究结论在实践中为商家制定合理的口碑管理和营销策略提供证据支撑。

2.2 理论基础

2.2.1 “刺激–机体–反应”模型

最初，行为心理学创始人 John B. Watson 提出了“刺激–反应”（stimulus-response，SR）模式来解释人类复杂行为的形成。随着心理学的发展，学者们逐渐认识到了不能把人们的心理过程完全视为“黑箱”，因此在 S 和 R 之间增加了有机体（organism，O）这样一个变量。Mehrabian 和 Russell 在 1974 年提出了 SOR 模型，希望以此模型来解释和分析环境因素对人类行为的影响[28]。S（即导致个体反应的刺激）指影响个体情感和认知过程的驱动力，刺激因素可以以多种形式呈现，如商品陈列、商店环境或口碑交流。O（即有机体或反应主体的内部状态）指介于刺激和行为之间的内部结构和心理过程，包括感知、生理、感觉和思考活动，具体指情感和认知。R（即刺激导致的最终反应）指态度和行为上的反应，具体有趋近或规避两种行为或行为意向。该模型的核心思想在于：外部环境线索能够影响个体的情感反应和认知反应，进而影响个体趋近或规避的行为意向。

Donovan 和 Rossiter（1982）[29]将 SOR 模型应用到了零售情境中，结果发现商店的氛围会对顾客的情感状态产生影响，进而影响顾客的消费者行为。Baker 等通过实证的方法得出结论并建议零售店的管理和规划人员等采取措施刺激消费者的情感，进而激发消费者的购买意愿[30]。霍俊杰采用 SOR 模型探析了大型超市零售环境对消费者的顾客感知（认知评价和情绪反应）以及趋近行为的影响[31]。马小琴从体验视角出发，证实了商业街的氛围、社交和设计三个环境刺激因素都与消费者的情绪感知显著正相关，情绪感知和享乐型价值感最终显著正向影响消费者的惠顾意向[32]。

SOR 模型不仅被应用在传统零售和服务行业情境中，同时随着网络规模的扩大，其应用范围也被扩展到了网络环境下。Baker 等基于 SOR 模型研究了网络店铺环境对消费者店铺选择的影响，结果表明店铺刺激因素会影响消费者的感知商品价值和购物体验成本，进而影响消费者选择店铺的标准[33]。Chang 和 Chen 采用 SOR 模型探讨了网店环境如何影响消费者的购买意愿，研究发现网站质量和产品品牌会影响消费者的信任倾向和感知风险，进而影响消费者的购买意愿[34]。Parboteeah 等以 SOR 模型为理论框架，解释了消费者的冲动购买行为是基于对网站特征的情感反应和认知反应[35]。武瑞娟和王承璐基于 SOR 模型探讨了网店专业性对消费者情感状态和行为的影响效应，结果表明愉快和唤起情感在网店专业性与接近行为间起到了完全中介作用[36]。Li 等运用该模型验证了情感和认知在网络用户向商家披露个人信息决策中的重要性[37]。而且，还有文献运用 SOR 模型来理解口碑交流和在线互动行为，如 Zhang 等基于 SOR 模型解释了环境线索如何影响客户体验进而影响顾客参与社会化商务的意向[38]。Fang 分别从情感和认知两条途径检验了网络用户对于社交网站上网络口碑的采纳行为[20]；此外，该学者还运用该模型解释了商家在线互动策略是如何通过消费者的感知来影响其交易意向的[39]。

社会化商务情境下，消费者网络购买决策过程中的刺激因素有多种，其中网络口碑是社会化商务的组成要素之一，更是消费者网络购物的关键刺激因素，它能引起消费者的情感反应和认知反应，最终促使消费者购买意愿的产生。即在本书中，S 是网络口碑，O 是消费者的情感反应和认知反应，R 是购买意愿。采用 SOR 模型作为本书的整体理论框架，能很好地从情感反应和认知反应两个视角来研究网络口碑对消费者购买意愿的影响。

2.2.2　ELM 模型

ELM 模型是由 Petty 和 Cacioppo 提出的一种信息加工理论[40]，该理论解释了信息接收者态度的形成或改变是基于对信息加工的详尽程度。该理论的核心思想是：个体对信息的处理可沿着两条路径进行，即中心路径（central route）和外围路径（peripheral route）。中心路径需要个体仔细分析信息中的论据，评价所包含观点的优点和相关程度，形成最终的评价判断。该过程需要付出较多的认知努力，因此信息接收者对信息进行加工的详尽可能性较高。相反的，外围路径需要付出的认知努力和精力投入较少，此时信息接收者处理信息的动机和能力相对较低，只是依据一些环境线索和有关目标的提示信息而不是论据质量去评判信息或论据的可信性，因此信息接收者对信息进行加工的详尽可能性较低。总结起来，中心路径和外围路径的差异主要有以下三点：①处理的信息类型不同；②用户付出的精力和认知努力的程度不同；③所引发的用户感知变化的持久性、稳定性不同。

ELM 模型被广泛应用于社会心理学和营销学，最早是在广告研究中，有研究指出可以通过强调产品的个人相关性和增加信息来源来加强用户对广告的精细加工可能性程度，也可以通过具有明星效用的广告宣传来激发用户对产品的积极态度，即通过中心路径和外围路径来增强广告的说服力度[40, 41]。在信息系统研究领域，Mak 等运用 ELM 模型验证了推荐系统设计阶段的用户感知参与程度对系统采纳及对初始决策修正的影响[42]。Dijkstra 通过实验来解释用户赞同专家系统的错误观点的原因，结果发现在被试学生中，那些投入精力较少、自认为案例简单的学生要比付出较多认知努力的学生更容易赞同错误的系统意见[43]。Sussman 和 Siegal 较早地将 ELM 模型应用于在线信息沟通情境，提出了信息接受模型[44]。之后，Bhattacherjee 和 Sanford 运用该模型解释了用户对信息技术的使用意向[45]。

近几年，国内外很多学者将 ELM 模型应用到网络口碑沟通情境中。例如，Lee 等利用 ELM 模型解释了负面在线评论对不同产品卷入度的消费者的影响效力，结果发现负面在线评论的质量越高、比例越大，消费者对产品的态度越消极[46]。Cheung 等探究了论坛用户如何评价网络口碑的可靠性，研究表明论据强度和信息源可靠性等信息性因素与网络口碑的感知可靠性显著正相关，而规范性因素显著影响用户对口碑信息可靠性的评判[14]。Baek 等的研究发现，顾客浏览在线评论时首先基于外围路径来缩小信息获取范围，最终依据中心路径决策出更优的评论，而且作为外围路径的评论者排名、评论者真实姓名和作为中心路径的评论长度等都会影响在线评论的感知有用性[18]。宋晓兵等基于 ELM 模型、态度功能理论和来源可靠性理论，利用实验法验证了网络口碑论据质量和网络社区可靠性在不同卷入度下对消费者产品态度的影响[47]。殷国鹏以 ELM 模型为分析框架，在考察评论内容特征的同时，初步探讨了评论者的关系多样化、网络中心度等社会网络特征对评论有用性的影响效应[48]。这些研究一致性地认为与信息本身有关的核心因素和与信息无直接联系的外围线索都是影响信息接收者感知评判信息的重要因素。

社会化商务情境下，消费者制定购买决策时不仅会分析网络口碑中的信息论据，更会关注网络口碑是由谁发送的。因此，ELM 模型有助于理解口碑沟通情境下的信息本身和信息来源对消费者购买意愿的影响。基于 ELM 模型，本书把网络口碑这种外部刺激因素划分为与网络口碑信息有关的论据质量和与网络口碑来源有关的信息源可靠性两部分，并将论据质量作为中心路径，信息源可靠性作为外围路径，来研究网络口碑对消费者购买意愿的影响。

2.2.3 好奇心与行为

人格特质是个体在受到外部刺激时，为了适应环境所表现出的动机、兴趣、态度等方面的独特性质，是个体在行为上的一种内在倾向的表示，决定了个体在行为表现方面的差异[25]。好奇心指搜索和获取信息的内在欲望，它能促使人们消除信息差，学习新思想并解决问题[49]。它被认为是一种重要的人格特质，是驱动个体行为的一种重要内在动机，对人的情感、认知以及处理获取信息的努力程度都会产生影响[20]。好奇心是激发探索性行为的先决条件，是强化决策制定效果的关键因素，尤其当情感在决策中发挥主要作用时[49]。

根据人们获取新信息的不同动机，Litman 把好奇心划分为两种类型[49]：一种是获取信息以期望激发快乐感和积极的兴趣感，即兴趣型好奇心；另一种是为了减少不确定性和消除信息缺失所导致的不良状态，即绩效型好奇心。Litman 用信息搜索中的“需要–喜欢”模型将兴趣型好奇心和绩效型好奇心与人们获取新信息的欲望（需要）和愉悦（喜欢）联系起来[27]。“需要”就是渴求获取新信息以及降低不确定性的欲望，而“喜欢”就是由于获取了新信息而产生的积极的情绪。总结来看，兴趣型好奇心是一种固有的内在动机，关注的是积极的情绪和学习一些完全新鲜的事物，因此被认为是与情感因素相关的。绩效型好奇心从外在上反映了对信息的正确性和相关性的关注，它还涉及降低不确定性以及获取现有知识库中所丢失的信息，被认为是与认知因素相关的。

现有文献对好奇心的研究相对还比较匮乏。已有研究表明，好奇心在知识搜索[26]、信息加工[27]、网络购物[50]等情境下发挥着关键作用。Koo 和 Choi 在研究知识特征和搜索系统特征对用户动机和知识搜索意向的影响中引入了好奇心构念，并将其作为用户动机和意向之间的调节变量，结果表明兴趣型好奇心较高的用户，感知易用性和感知愉悦性对其搜索知识的意向影响更强烈，而绩效型好奇心较高的用户，只有感知易用性对其搜索知识的意向有更显著的正向影响[26]。Koo 和 Ju 在探究消费者在线购物意向的研究中证实了，好奇心特质在环境线索与购物者情绪反应的关系中起到了调节作用[50]。近年，好奇心的研究被扩展到了社交网络中，如 Schneider 等认为好奇心这种人格特质对于研究用户在网络社区中的行为具有重大意义，他们的研究发现，兴趣型好奇心促使用户积极参与到探索社区信息的过程当中，进而激发用户更强烈的绩效型好奇心[51]。Fang 阐明了好奇心在人们采纳社交网络口碑中的重要性，研究从认知和情感两条路径出发，结果证实了：在认知路径上，绩效型好奇心显著正向调节信息源能力和任务吸引力与感知网络口碑可靠性的关系，而显著负向调节论据质量和推荐评级与感知网络口碑可靠性的关系；在情感路径上，兴趣型好奇心显著正向调节网站界面装扮与情感唤起的关系，而显著负向调节社会吸引力与情感唤起的关系[20]。

基于以上综述，兴趣型好奇心是与情感体验等情感因素相关的，而绩效型好奇心涉及的是认知逻辑的信息处理过程。好奇心在社会化商务情境下更能激发消费者的探索性行为，人们或是出于兴趣爱好，或是为了降低信息差而去搜索和浏览信息的动机更加强烈，好奇心对消费者的情感和认知过程将产生更大的影响。可见，具有不同类型和不同程度好奇心特质的网络用户都将成为社会化商务的潜在消费者。

2.3 研究假设

基于 SOR 框架和 ELM 理论以及好奇心理论，提出本书的研究模型如图 2.1 所示，根据对网络口碑相关实证研究的回顾[20, 14, 52, 53]，设置平台类型，消费者的性别、年龄和学历，以及互联网使用年限和网络购物年限为控制变量。

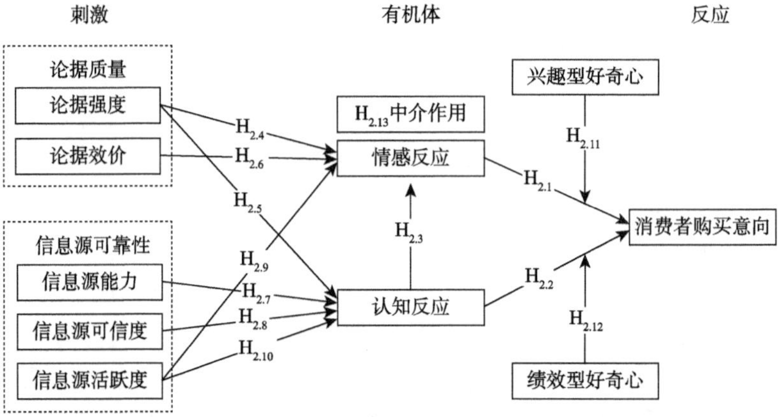

图 2.1　社会化商务中消费者购买意愿的影响因素研究

2.3.1 消费者情感反应和认知反应与购买意愿

在已有研究中态度通常被划分为情感和认知两个不同的维度[54]。情感反应是一个广义的概念，包括由刺激诱发的心理情绪和对刺激的情感评价[55]。认知反应是个体与外界刺激进行交互时所产生的思维过程，如生成或从记忆里浮现某种观点、想法、知识或信念[56]。用户与社会化商务网站交互时会接触各种环境因素，并伴随着情感反应和认知反应的产生。本书中，情感反应指网络口碑所指向的产品或服务对消费者情感上的吸引程度。认知反应指消费者在多大程度上建立起对网络口碑特定的认知信念。

消费者行为学的相关理论认为，消费者的认知和情感共同形成消费者购买意愿的基础和动因[57]。如果个体认为外界的刺激因素与其需求、目标或关注点相关，便会产生主观上的感受，进而产生与行为意向相关的动机[58]。有研究表明消费者的情感反应和认知反应显著正向影响其对产品质量的感知[59]。网络用户对于在线论坛的强烈的情感态度能够增强他们参与网络口碑沟通的意向[24]。Yang 和 Yoo 的研究证实了认知态度是解释信息系统使用行为的重要变量，且认知态度越强烈，用户使用信息系统的意向也就越强烈[60]。对于网络消费者来说，强烈的情感反应和认知反应能够增强消费者的购买意愿。因此，提出以下假设：

$H_{2.1}$：消费者的情感反应与其购买意愿正相关。

$H_{2.2}$：消费者的认知反应与其购买意愿正相关。

个体产生情感反应的过程中通常伴随着想法、评价、判断和其他的认知因素。评价判断外界环境刺激的认知过程要先于情感反应，意味着个体对事物产生的情感反应是基于对该事物属性和功能的认知评估[61]。消费者对网站界面的感知有用性能增强感知愉悦性，进而引发冲动购买的意向[35]。Yang 和 Yoo 强调了认知态度在预测信息系统使用行为中的重要作用，指出认知反应和情感反应之间存在着因果关系[60]。Shin 等以在线消费者论坛为例进行了实证研究，结果表明用户对在线论坛的认知态度正向影响其情感态度[24]。社会化商务中，面对众多评价和推荐信息，消费者产生认知评价后便形成一种情感，并且认知反应会增强这种情感体验。因此，提出以下假设：

$H_{2.3}$：认知反应与情感反应正相关。

2.3.2　论据质量与消费者反应

论据质量指信息接收者感知信息中的论据是强而有力的还是弱而不实的[62]。以往研究基本都把论据质量视为一个整体变量，但有学者指出论据质量可划分为两部分：论据强度和论据效价[63]。

论据强度是信息接收者感知结果与自己的态度相关联的主观概率[63]。本书中，论据强度被定义为消费者感知网络口碑中的论据能够使人信服或有效的程度。以往研究表明论据强度对信息接收者态度有显著的直接影响，尤其是在网络环境下，论据强度正向影响用户感知网络口碑的可靠性[14]。Fang 在研究社交网络用户对网络口碑的采纳行为时证实了同样的观点[20]。如果网络评论具有较强的说服力度，信息接收者将会对产品产生兴趣甚至兴奋的情感，并认为参考该评论能做出满意的购买决策[64]，论据强度已被证明是评估信息沟通的重要因素。由此推断，社会化商务中，高的论据强度能够加强消费者对网络口碑的情感评价和认知判断。因此，提出以下假设：

$H_{2.4}$：论据强度与消费者的情感反应正相关。

$H_{2.5}$：论据强度与消费者的认知反应正相关。

论据效价指信息接收者对结果的评价[63]。本书中，论据效价指消费者感知网络口碑在整体上的正向、积极的程度。Cui 等指出由用户所生成的正向评论标志着产品或服务的信誉和质量，而负向评论是用户对产品或服务缺乏信任的表现，他们的研究证实了评论的效价对电子产品和视频游戏的销量有很大的影响，高的评论效价能加强消费者的情感态度，并对搜索型产品有更显著的影响[19]。Ye 等在研究网络评论对旅店预订量的影响中发现，旅客评论效价与旅店的网上预订量呈现正相关关联[65]。Dellarocas 等将网络评级和打分作为数值型的网络口碑效价，研究表明口碑效价能够衡量消费者的产品满意度[66]。可见，网络口碑的论据效价能够加强消费者的情感反应。因此，提出以下假设：

$H_{2.6}$：论据效价与消费者的情感反应正相关。

2.3.3 信息源可靠性与消费者反应

信息源可靠性被定义为信息接收者感知信息源是有能力的、可信赖的程度[44]。大量研究表明信息源可靠性能直接影响信息接收者态度的形成或改变，由高可靠性的信息源提供的信息能够对消费者感知产生更大的影响[14]。社会化商务情境下，信息源可靠性显得尤为重要，因为社区中的成员，如推荐者、评论者及其他的信息生成者和分享者，在消费者制定购买决策的过程中发挥了关键性的驱动作用。Johnston 和 Warkentin 指出，信息源可靠性的构成维度除了包括信息源能力和信息源可信度外，信息源活跃度也是衡量信息源可靠性的一个重要因素[67]。

信息源能力指信息传播者被感知有能力做出正确断言的程度[67]。本书中指网络口碑发送者能够提供准确信息并且参与讨论特定话题的能力。工作中面临信息技术使用决策的时候，员工更倾向于接受有能力的领导的意见而摒弃能力较低的新进员工的意见[67]。意见领袖关于某一产品或服务的观点和意见是影响网络口碑效力的关键因素之一[68]。Connors 等的实证研究发现，消费者认为专家拥有更多的知识和经验，所以对专家发布的评论的感知有用性更大[15]。Racherla 和 Friske 的研究也证实了由专业能力较高的评论者发表的评论被认为更有用[17]。同样，社会化商务情境下，消费者会对来自专业能力较强的网络口碑发送者的评论建立起更强烈的认知评价和判断。因此，提出以下假设：

$H_{2.7}$：信息源能力与消费者的认知反应正相关。

信息源可信度指信息接收者感知信息传播者的言论是有效的、真实的程度[67]。本书中指网络口碑发送者被感知的公平性和诚实度。网上社区参与者与他人进行知识共享的积极程度会受到其他用户对身份信息的披露度的影响[69]。同样的，社区消费者会基于评论者对身份描述信息的公开程度来评判网络口碑的有用性，详尽的身份信息描述能够强化社区成员对评论和相关产品的认知评估[16]。社会化商务的潜在消费者制定购买决策时通常参照亲人或朋友的网上推荐和建议，而并非他们不信任的陌生人[70]。如果评论者具有高的信用等级，披露较多的身份信息，如真实姓名、头像、电话、地址等，消费者将感知这些人具有较高的可信度，从而产生更强烈的认知反应。因此，提出以下假设：

$H_{2.8}$：信息源可信度与消费者的认知反应正相关。

信息源活跃度指信息传播者能够塑造一个有精力、有能量或具有吸引力的形象的程度[67]。本书中，信息源活跃度被定义为消费者感知网络口碑发送者的情感唤起程度或活跃程度。Johnston 和 Warkentin 在研究中发现，感知信息源的活跃程度显著影响组织中员工对于被推荐信息技术的态度[67]。也有研究表明，带有担忧情感的评论比带有愤怒情感的评论更有用，因为焦虑、担忧的网络口碑发送者被认为付出了更多的努力[22]。评论的情感强度表示评论者支持他在评论中所描述内容的强烈程度，评论者强烈的情感唤起能够增强消费者感知评论的可靠性[71]。例如，某一评论者以相对平淡的语气、低落的情绪在社交网站上向他人推荐一款产品，消费者将认为这种推荐信息并不能有效地指导他们做出购买决策，而且该产品对他们情感上的吸引程度也会降低。因此，提出以下假设：

$H_{2.9}$：信息源活跃度与消费者的情感反应正相关。

$H_{2.10}$：信息源活跃度与消费者的认知反应正相关。

2.3.4　好奇心的调节作用

人格特质通常被用作调节变量来进行研究，好奇心作为一种重要的人格特质变量，其作用已在知识搜索[26]、信息加工[27]、网络购物[50]和网络口碑采纳[20]等情境下被检验。社会化商务不断演进，它包含了一些特殊形式的活动，如社会化搜索、社会化购物、印象管理、社会化推荐和社会化交际[72]。社会化商务中的这些活动具有高度的交互性、娱乐性和参与性，从而促进用户的学习欲望和探索性行为[38]，而这些行为中的信息和知识的搜索、加工过程与人们的好奇心心理密切相关[51]，尤其是社交网络中海量的评论信息更能激发用户的好奇心，从而驱动消费者购买决策的制定和购买意愿的产生。本书从消费者情感和认知两个视角出发，分别将兴趣型好奇心和绩效型好奇心作为情感反应与购买意愿以及认知反应和购买意愿之间的调节变量。

兴趣型好奇心是指期望通过获取新信息来激发积极的兴趣感，是与情绪体验相关联的。好奇心可能是激发学习的关键因素，同时能提高决策制定的有效性，尤其是当情感因素在决策中发挥重要作用时[20]。对于具有兴趣型好奇心的人来说，接收和体验新颖的信息是很有价值的，因为这种过程具有参与性、娱乐性和愉悦性，从而激发了积极的兴趣感[49]。有研究表明，兴趣型好奇心能够加强用户的感知易用性和感知愉悦性对搜索知识意向的影响程度[26]。寻求娱乐以及建立和维持人际关系的欲望是参与社交互动的最常见的内在动机[73]。社交网络具有很强的娱乐性质，网络中的口碑信息也具有更多的娱乐因素特征，这些信息能够刺激消费者的情感唤起，而且当消费者获取信息完全是由于内部动机和享乐时，这种影响趋势将会变得更加显著。因此，提出以下假设：

$H_{2.11}$：兴趣型好奇心正向调节情感反应与购买意愿间的关系。

绩效型好奇心反映的是对于正确知识的渴望，关注信息的正确性和相关性，以此降低个人的无知并提高工作效率[27]，是与认知因素相联系的。好奇心是一种人格特质，它能改变人们对于外部环境的认知态度并影响人的行为反应[74]。Koo和 Choi 的研究表明，对于绩效型好奇心较高的用户，感知易用性对他们搜索知识意向的影响程度要大于绩效型好奇心较低的用户[26]。社会化商务情境下，绩效型好奇心驱使人们搜寻更多特定的、正确的、与网络口碑相关的信息来减少认知上的误差，降低不确定性。由此推断，绩效型好奇心较高的消费者会付出更多的时间和认知努力来评估网络口碑的可靠性，进而促进购买意愿的产生。也就是说，在本书研究情境下，网络口碑所引起的消费者的认知动机对其购买意愿的影响会因为消费者的绩效型好奇心而有所增强。因此，提出以下假设：

$H_{2.12}$：绩效型好奇心正向调节认知反应与购买意愿间的关系。

2.3.5 情感反应的中介作用

研究者虽然发现了认知因素与消费者购买意愿之间的重要关系，但对于其作用机制，还鲜有人进行全面的分析和实证研究。个体对事物的认知评价和判断会影响其情感反应[61]，同时，情感反应又会促进个体的行为意向。有研究表明，消费者对网站界面的感知有用性（认知因素）能增强感知愉悦性（情感因素），进而产生冲动购买的意向[35]。武瑞娟和王承璐的研究也证实了愉快和唤起情感在消费者对网店专业性（外观设计、信息和服务质量）的感知与接近行为的关系中起中介作用[36]。由此推断，较高的认知评价会增强消费者浏览网络口碑后的情感反应，进而促进购买的行为意向。因此，提出以下假设：

$H_{2.13}$：情感反应在认知反应和消费者购买意愿关系中起中介作用。

2.4 研究设计

2.4.1 变量测量

为了保证量表的有效性和准确性，所有的初始测度项均来自已有研究的成熟量表，并针对本书的研究背景和问题进行了适当的改编与调整。本书采用双译法，将英文译为中文后，再由两位信息系统领域的专家将其译回英文，通过比较三个英文版本，对中文量表进行反复修订，直到两位专家的意见取得一致，形成初始量表。

论据强度的测量参考了 Cheung 等的量表[14]，包括 4 个条目："我信服有关该产品的网络评论"（AS1）、"我认为有关该产品的网络评论具有说服力"（AS2）、"我赞同有关该产品的网络评论中的观点"（AS3）、"我认为有关该产品的网络评论有理有据"（AS4）。

论据效价借鉴了 Dellarocas 等的量表[52]，并根据本书情境做了适当的改编，使用 4 个条目进行测量："我所浏览的网络评论中，正面评论所占的比例大"（AV1）、"我所浏览的网络评论中，大部分评论是积极的"（AV2）、"我所浏览的网络评论中，大部分人推荐购买该产品"（AV3）、"我所浏览的网络评论中，大部分人建议购买该产品"（AV4）。

信息源能力、信息源可信度和信息源活跃度借鉴了 Johnston 和 Warkentin 的信息源可靠性量表[67]，均使用 4 个条目进行测量。信息源能力的测量条目为："评论者拥有丰富的购买经验"（SC1）、"评论者拥有丰富的使用经验"（SC2）、"评论者具有该产品领域的相关知识"（SC3）、"评论者对该产品很了解"（SC4）。信息源可信度的测量条目为："评论者在发表评论时是公平的"（ST1）、"评论者在发表评论时是公正的"（ST2）、"评论者在发表评论时是诚实的"（ST3）、"评论者在发表评论时是客观的"（ST4）。信息源活跃度的测量条目为："评论者在发表评论时处于思维活跃的状态"（SD1）、"评论者在发表评论时处于情绪饱满的状态"（SD2）、"评论者在发表评论时处于精力充沛的状态"（SD3）、"评论者在发表评论时处于充满活力的状态"（SD4）。

结合本书研究情境及情感反应和认知反应的概念，改编了 Shih 等的量表[24]。对情感反应的测量包括 2 个条目："浏览网络评论后，我认为该产品很吸引人"

（AR1）、“浏览网络评论后，我认为购买该产品会让我心情愉悦”（AR2）。对认知反应的测量包括 3 个条目：“参考有关该产品的网络评论能改善我的购物体验”（CR1）、“参考有关该产品的网络评论能提高我的购物效率”（CR2）、“参考有关该产品的网络评论能节约我的购物时间”（CR3）。

兴趣型好奇心和绩效型好奇心采用 Litman 编制的好奇心量表[49]，分别选取其中 3 个高载荷条目。兴趣型好奇心的测量条目包括：“我对学习和获取新信息很感兴趣”（I-C1）、“我很享受了解那些对我来说不熟悉的事物”（I-C2）、“当学习新的东西时，我想更多地去了解它”（I-C3）。绩效型好奇心的测量条目包括：“遇到问题时，我能保持清醒地思考”（D-C1）、“我会努力使遇到的问题得到解决”（D-C2）、“我认为工作或学习中遇到问题必须要解决”（D-C3）。

购买意愿的测量借鉴了 Song 和 Zahedi 研究中的量表[75]，选取其中 2 个高载荷条目进行测量：“我愿意购买该产品”（PI 1）和“我会考虑购买该产品”（PI 2）。

2.4.2 问卷设计与预调研

问卷主要由五部分构成：第一部分是本书研究内容的简要介绍及填写问卷的注意事项。第二部分询问受访者所使用的网络平台，通过该问项引导受访者回忆最近一次通过社会化媒体平台浏览网络口碑的经历。第三部分主要测量受访者对网络口碑本身和网络口碑发送者的看法，以及情感反应和认知反应对购买意愿的影响。其中，网络口碑本身的测量包括论据强度、论据效价，网络口碑发送者的测量包括信息源能力、信息源可信度、信息源活跃度。第四部分是有关受访者好奇心类型的调查，包括兴趣型好奇心和绩效型好奇心。第五部分是有关人口统计特征的问项，包括性别、年龄、学历、互联网使用年限、网络购物年限。第三部分和第四部分的所有构念均采用利克特 7 级量表进行评价，其中“1”表示完全不同意，“7”表示完全同意。

为了避免问卷存在歧义或者不合理的地方，在问卷设计完之后，选取了 30 名在校研究生进行了一个小范围的测试，并回收了 28 份有效问卷。根据反馈结果，对某些模糊题项和措辞进行了修正，确保问卷的内容效度。而且，预调研的结果还显示，量表的信度和效度均在可接受的范围内。经过适当修改之后，得到了本书的正式问卷。

2.4.3 数据收集

本书以社会化商务情境下的网络口碑为基点，选取在校大学生为调研对象。

社会化媒体在高校学生群体中具有普遍性，他们乐于尝试新兴的社会化媒体服务，对社会化商务有足够的好奇心和兴趣，并且具备较强的信息搜索能力和一定的购买力。因此，本书的样本选取是合适的。此次调查历时 2 个月，先后共发放 700 份纸质问卷，回收有效问卷 631 份，样本有效回收率为 90.1%。样本统计情况如表 2.1 所示。

表2.1　样本构成分布表

分类指标		人数	占比
平台类型	基于电子商务网站构建社会化媒体	235	37.2%
	在社会化媒体中添加电子商务功能	203	32.2%
	直接构建的第三方社会化商务平台	193	30.6%
性别	男	308	48.8%
	女	323	51.2%
年龄	20 岁及以下	101	16.0%
	21~25 岁	463	73.4%
	26~30 岁	47	7.4%
	31~35 岁	15	2.4%
	35 岁及以上	5	0.8%

分类指标		人数	占比
学历	高中及专科	28	4.4%
	本科	418	66.3%
	硕士研究生、博士研究生	185	29.3%
互联网使用年限	4 年以下	69	10.9%
	4~6 年	165	26.2%
	6~8 年	180	28.5%
	8~10 年	124	19.7%
	10 年及以上	93	14.7%
网络购物年限	4 年以下	123	19.5%
	4~6 年	304	48.2%
	6~8 年	146	23.1%
	8~10 年	40	6.3%
	10 年及以上	18	2.9%

根据样本的描述性统计结果，三种社会化商务平台被调查者所使用比例较为均衡。在所有被调查者中，男性占 48.8%，女性占 51.2%；从年龄分布上来看，21~25 岁的被调查者所占比例最大，为 73.4%；从学历来看，本科占样本总数的 66.3%，硕士研究生、博士研究生占样本总数的 29.3%；互联网使用年限在 6~8 年的人数最多，为 28.5%，其次是 4~6 年，为 26.2%，绝大多数的受调查者互联网使用经验丰富；网络购物年限大部分为 4~6 年，该部分人数占比 48.2%，具备较为丰富的网络购物经验。

2.5　数据处理与结果

结构方程模型是广泛应用于社会及行为科学研究领域的多元统计分析工具，它能妥善处理潜变量及其外显指标[76]。完整的结构方程模型由两部分构成：一部分是测量模型（measurement model），反映潜变量和外显指标之间的关系；另一部分是结构模型（structural model），描述各个潜变量之间的关系。本书采用实证研究中非常典型的 PLS 对结构方程模型进行求解。之所以选择该方法，是因为与传统多元线性回归模型相比，PLS 具有以下优点：①不要求数据严格服从正态分布；②对样本量要求较小；③收敛速度快，对较复杂的结构方程模型具有良好的预测性。所采用的数据分析软件是 SmartPLS 2.0 统计分析软件。

2.5.1 测量模型检验

信度和效度是检验模型的两个重要指标。信度衡量各个测度项测量结果的稳定性和一致性，效度则表示了评价结果的准确性和有效性。效度包括聚合效度（convergent validity）和区分效度（discriminant validity），聚合效度表示同一变量的多个测度项之间的关联程度，而区分效度则表示不同变量之间的区别程度。只有同时具有较高的信度和效度的量表，其评价结果才是合理的、可用的。

首先对数据的信度进行检验。信度，指问卷所收集数据的一致性或可靠性。信度越高，表明各个指标间的一致程度越高，所得到的评价结果越可信。在信度检验中，本书采用最为常用的组合信度（composite reliability，CR）和 Cronbach's α 系数来分析量表的内部一致性。通常认为，CR 在 0.7 以上，表明量表具有较好的内部一致性。同样，Cronbach's α 系数为 0.7 是可接受的最小值，若在 0.7 以下，表明信度较低[77]。本书中各个变量的信度检验结果如表 2.2 所示，可以发现，所有潜变量的组合信度均大于 0.8，Cronbach's α 系数均大于 0.7，由此可判定量表信度较高，具有很好的内部一致性。

表2.2 量表的信度

潜变量	组合信度（CR）	Cronbach's α
论据强度	0.912	0.871
论据效价	0.892	0.840
信息源能力	0.918	0.881
信息源可信度	0.934	0.912
信息源活跃度	0.901	0.855
情感反应	0.946	0.887
认知反应	0.931	0.890
兴趣型好奇心	0.894	0.822
绩效型好奇心	0.860	0.755
购买意愿	0.885	0.740

效度，指测量的准确度，即问卷中的题项能够准确表达所要测量变量的程度。

效度越高，表明题项反映测量变量的程度越高，所得到的评价结果有效性越强。测量问卷的效度可以通过两种途径来进行：一种是内容效度（content validity），指问卷中的题项是否有效地反映了调研的主题和内容。通常本书采用专家判断法，本书通过参考大量国内外相关文献，并结合社会化商务情境对已有的成熟量表进行了适当的改编，开发了本书的量表。而且，与该领域的专家学者进行了多次讨论和修正，从而保证了题项与调研主题的吻合以及在内容方面的准确度。另一种是结构效度（construct validity），又称构建效度，指问卷中题项能够反映变量的概念或特征的程度，可以从聚合效度和区分效度两个方面进行测量。

潜变量聚合效度的衡量指标有两个：一个是每个潜变量的平均方差萃取量（average variance extracted，AVE）的值，另一个是各测度项的因子载荷（factor loading）。

（1）AVE 表示潜变量的各个外显指标对该潜变量的平均方差解释量。如果 AVE 的值大于 0.5，说明 50%以上的外显指标的方差被解释，表示该潜变量具有很好的聚合效度[77]。利用 SmartPLS 2.0 软件计算各潜变量的 AVE 值，从表 2.3 中可以看出，各潜变量的 AVE 值均大于 0.6，满足要求，表明潜变量具有较高的聚合效度。

表2.3　各潜变量的AVE值

潜变量	平均方差萃取量（AVE）
论据强度	0.721
论据效价	0.675
信息源能力	0.736
信息源可信度	0.792
信息源活跃度	0.696
情感反应	0.898
认知反应	0.820
兴趣型好奇心	0.738
绩效型好奇心	0.672
购买意愿	0.794

（2）因子载荷表示测度项对其所测量的潜变量的影响程度。如果一个题项对于它的潜变量的因子载荷越高，说明该题项对潜变量的影响程度越大，即聚合效度越高。本书中各测度项的因子载荷均高于临界值 0.7，表明各潜变量均具有很好的聚合效度，具体数据如表 2.4 所示，其中最后一列的 T 值可反映出测度项对潜变量的解释强度，结果发现均是显著的。

表2.4　因子载荷和*T*值

潜变量	测度项	因子载荷	*T*值
论据强度	AS1	0.853	58.096***
	AS2	0.887	77.531***
	AS3	0.838	47.925***
	AS4	0.817	42.125***
论据效价	AV1	0.808	33.792***
	AV2	0.828	41.981***
	AV3	0.853	51.412***
	AV4	0.795	34.938***
信息源能力	SC1	0.834	46.281***
	SC2	0.875	69.138***
	SC3	0.874	67.556***
	SC4	0.849	59.281***
信息源可信度	ST1	0.898	86.719***
	ST2	0.926	110.025***
	ST3	0.891	69.950***
	ST4	0.843	47.771***
信息源活跃度	SD1	0.802	35.021***
	SD2	0.846	55.015***
	SD3	0.854	60.214***
	SD4	0.833	48.182***
情感反应	AR1	0.949	189.594***
	AR2	0.946	166.356***
认知反应	CR1	0.913	87.295***
	CR2	0.917	79.286***
	CR3	0.886	51.099***
兴趣型好奇心	I-C1	0.849	44.227***
	I-C2	0.849	44.692***
	I-C3	0.879	53.407***
绩效型好奇心	D-C1	0.780	24.106***
	D-C2	0.865	46.900***
	D-C3	0.812	29.989***
购买意愿	PI1	0.897	75.373***
	PI2	0.885	64.367***

***表示 $p<0.001$

潜变量区分效度的评估方法也有两种：一种是各个潜变量 AVE 值的平方根要

大于该潜变量与其他潜变量之间的相关系数的绝对值，另一种是各题项的因子载荷要远大于该题项与其他题项之间的交叉系数[78]。区分效度越高，表明各潜变量所对应的外显指标之间的区别性越好。由表 2.5 的结果可见，各潜变量 AVE 值的平方根（表 2.5 中对角线上黑体的数字）均大于该潜变量与其他潜变量之间的相关系数（对角线左下方各列数字），说明该量表具有很好的区分效度。表 2.6 是潜变量的负荷系数和交叉系数，也表明量表中的问项设计是合理的。

表2.5　各潜变量AVE平方根及相关系数矩阵

变量	AS	AV	SC	ST	SD	AR	CR	I-C	D-C	PI
AS	**0.849**									
AV	0.356	**0.822**								
SC	0.444	0.173	**0.858**							
ST	0.504	0.360	0.611	**0.890**						
SD	0.419	0.319	0.380	0.443	**0.834**					
AR	0.385	0.350	0.471	0.450	0.445	**0.948**				
CR	0.366	0.256	0.478	0.465	0.338	0.705	**0.906**			
I-C	−0.229	−0.232	−0.161	−0.208	−0.391	−0.314	−0.222	**0.859**		
D-C	0.251	0.260	0.181	0.262	0.394	0.304	0.266	−0.561	**0.820**	
PI	0.392	0.403	0.392	0.491	0.561	0.504	0.483	−0.311	0.315	**0.891**

注：黑体数字是 AVE 的平方根值

表2.6　潜变量负荷系数和交叉系数

变量	AS	AV	SC	ST	SD	AR	CR	I-C	D-C	PI
AS1	**0.853**	0.307	0.335	0.418	0.341	0.343	0.316	−0.177	0.231	0.347
AS2	**0.887**	0.313	0.340	0.408	0.368	0.349	0.326	−0.166	0.196	0.347
AS3	**0.838**	0.274	0.399	0.432	0.369	0.302	0.274	−0.202	0.238	0.316
AS4	**0.817**	0.312	0.441	0.458	0.347	0.311	0.312	−0.236	0.191	0.318
AV1	0.273	**0.808**	0.083	0.270	0.235	0.345	0.166	−0.210	0.230	0.342
AV2	0.272	**0.828**	0.135	0.326	0.240	0.300	0.184	−0.187	0.235	0.318
AV3	0.344	**0.853**	0.180	0.311	0.307	0.323	0.234	−0.189	0.214	0.356
AV4	0.271	**0.796**	0.161	0.268	0.261	0.272	0.252	−0.179	0.175	0.309
SC1	0.419	0.139	**0.834**	0.510	0.332	0.407	0.385	−0.134	0.159	0.324
SC2	0.398	0.168	**0.875**	0.534	0.324	0.412	0.434	−0.143	0.189	0.371
SC3	0.326	0.088	**0.874**	0.484	0.316	0.375	0.391	−0.117	0.132	0.307
SC4	0.378	0.194	**0.849**	0.564	0.332	0.421	0.425	−0.158	0.138	0.339
ST1	0.465	0.323	0. 582	**0.898**	0.425	0.417	0.432	−0.194	0.247	0.446
ST2	0.460	0.353	0.572	**0.926**	0.407	0.437	0.438	−0.180	0.270	0.448

续表

变量	AS	AV	SC	ST	SD	AR	CR	I-C	D-C	PI
ST3	0.455	0.329	0.493	**0.891**	0.393	0.441	0.402	−0.209	0.232	0.470
ST4	0.414	0.271	0.524	**0.843**	0.349	0.376	0.380	−0.155	0.179	0.381
SD1	0.323	0.217	0.372	0.383	**0.802**	0.342	0.290	−0.331	0.292	0.424
SD2	0.339	0.247	0.310	0.359	**0.846**	0.331	0.246	−0.303	0.313	0.467
SD3	0.396	0.240	0.334	0.377	**0.854**	0.382	0.260	−0.331	0.324	0.487
SD4	0.339	0.346	0.259	0.359	**0.833**	0.417	0.321	−0.335	0.375	0.488
AR1	0.388	0.341	0.460	0.461	0.445	**0.949**	0.669	−0.315	0.305	0.486
AR2	0.342	0.322	0.433	0.430	0.398	**0.946**	0.667	−0.279	0.270	0.470
CR1	0.343	0.259	0.448	0.463	0.321	0.665	**0.913**	−0.202	0.278	0.417
CR2	0.316	0.211	0.422	0.390	0.264	0.627	**0.917**	−0.169	0.200	0.354
CR3	0.332	0.223	0.427	0.405	0.330	0.619	**0.886**	−0.231	0.241	0.416
I-C1	−0.226	−0.208	−0.135	−0.162	−0.331	−0.270	−0.177	**0.849**	−0.487	−0.270
I-C2	−0.167	−0.157	−0.120	−0.130	−0.298	−0.248	−0.187	**0.849**	−0.415	−0.247
I-C3	−0.194	−0.228	−0.159	−0.237	−0.375	−0.288	−0.208	**0.879**	−0.537	−0.281
D-C1	0.186	0.212	0.152	0.183	0.294	0.267	0.225	−0.459	**0.780**	0.240
D-C2	0.211	0.221	0.128	0.221	0.352	0.281	0.224	−0.537	**0.865**	0.272
D-C3	0.220	0.206	0.166	0.240	0.320	0.200	0.207	−0.383	**0.812**	0.262
PI1	0.389	0.361	0.435	0.491	0.507	0.477	0.439	−0.245	0.266	**0.896**
PI2	0.308	0.357	0.258	0.381	0.492	0.420	0.339	−0.310	0.296	**0.885**

注：黑体数字是 AVE 的平方根值

2.5.2　假设检验结果

通过上文的综合分析可得，此调查问卷的量表具有很好的信度和效度。下面运用结构方程模型来检验潜变量之间的因果关系。通常采用两个指标对结构方程模型进行评价：复相关系数的平方值 R^2（coefficient of determination）和潜变量之间的路径系数（path coefficient）。

（1）R^2 是测量结构方程的关联程度的重要指标，它是一个 0~1 的数值，其值越大，表明因变量方差的解释程度越高[79]。本书通过 SmartPLS 2.0 进行结构方程分析，得出假设检验的结果如图 2.2 所示。结果显示，所有控制变量对消费者购买意愿的影响均不显著。模型的累计解释总体方差变异为 33.6%（R^2=0.336），即 33.6%的购买意愿可由情感反应和认知反应解释，表明消费者阅读网络口碑后所产生的情感反应和认知反应对消费者的购买意愿有良好的解释力。

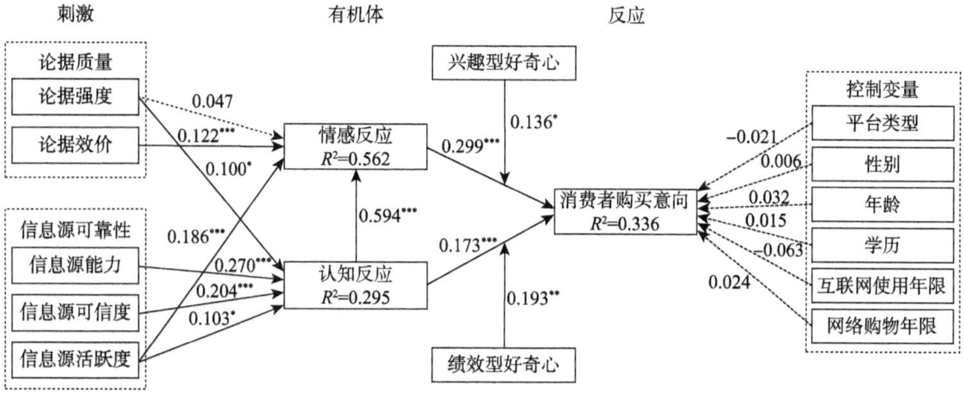

图 2.2　模型检验结果

*表示 $p<0.05$，**表示 $p<0.01$，***表示 $p<0.001$；
虚线表示不显著

（2）潜变量之间的路径系数反映的是各潜变量之间直接效应的大小。该值越大，表明指向变量对被指向变量的直接影响程度越大。本书采用 Bootstrapping 方法对研究模型进行结构方程检验，得到的 T 值作为各潜变量对因变量贡献大小的衡量指标，路径系数及 T 值检验结果如表 2.7 所示。结果表明，情感反应对购买意愿（β=0.299，p<0.001）和认知反应对购买意愿（β=0.173，p<0.001）均具有显著的正向影响，即 $H_{2.1}$ 和 $H_{2.2}$ 得到支持；且认知反应对情感反应（β=0.594，p<0.001）也有显著的正向影响，即 $H_{2.3}$ 得到支持；论据强度对认知反应（β=0.100，p<0.05）的影响是显著的，但是对情感反应（β=0.047，p>0.05）的影响并不显著，即 $H_{2.5}$ 得到支持，而 $H_{2.4}$ 未得到支持；论据效价对情感反应（β=0.122，p<0.001）有显著的正向影响，即 $H_{2.6}$ 得到支持；信息源能力（β=0.270，p<0.001）、信息源可信度（β=0.204，p<0.001）和信息源活跃度（β=0.103，p<0.05）显著正向影响认知反应，即 $H_{2.7}$、$H_{2.8}$、$H_{2.10}$ 得到支持；假设检验的结果还表明，情感反应与兴趣型好奇心的交互效应对购买意愿有显著的正向影响（β=0.136，p<0.05），认知反应与绩效型好奇心的交互效应对购买意愿有显著的正向影响（β=0.193，p<0.01），即 $H_{2.11}$ 和 $H_{2.12}$ 得到支持。检验结果详见表 2.7。

表2.7　假设检验结论表

因果关系假设	路径系数	T 值	结论
$H_{2.1}$：消费者的情感反应与其购买意愿正相关	0.299***	5.568	证实
$H_{2.2}$：消费者的认知反应与其购买意愿正相关	0.173***	3.333	证实
$H_{2.3}$：认知反应与情感反应正相关	0.594***	16.736	证实
$H_{2.4}$：论据强度与消费者的情感反应正相关	0.047	1.279	证伪
$H_{2.5}$：论据强度与消费者的认知反应正相关	0.100*	2.227	证实

续表

因果关系假设	路径系数	T值	结论
$H_{2.6}$：论据效价与消费者的情感反应正相关	0.122***	3.421	证实
$H_{2.7}$：信息源能力与消费者的认知反应正相关	0.270***	5.667	证实
$H_{2.8}$：信息源可信度与消费者的认知反应正相关	0.204***	4.128	证实
$H_{2.9}$：信息源活跃度与消费者的情感反应正相关	0.186***	5.398	证实
$H_{2.10}$：信息源活跃度与消费者的认知反应正相关	0.103*	2.366	证实
$H_{2.11}$：兴趣型好奇心正向调节情感反应与购买意愿间的关系	0.136*	2.034	证实
$H_{2.12}$：绩效型好奇心正向调节认知反应与购买意愿间的关系	0.193**	2.624	证实

*表示 p<0.05；**表示 p <0.01；***表示 p <0.001

（3）为了检验调节作用的大小，本书进行了 F 检验，计算公式如下：

$$f^2 = \frac{[R^2(\text{interaction}) - R^2(\text{main effect model})]}{[1 - R^2(\text{interaction model})]}$$

其中，R^2（interaction model）表示存在调节变量时整个模型的解释率；R^2（main effect model）表示主模型（即不存在调节变量的模型）的解释率。

f^2 的值在 0.02~0.14、0.15~0.34 和 0.35 以上分别表示调节变量具有较小、适中和较大的影响[80]，通过计算得到 f^2 的值为 0.054，表明兴趣型好奇心和绩效型好奇心的调节作用的影响程度较好。

而且，为了进一步检验调节效应的作用模式是否与假设一致，本书采用 Aiken 和 West 的方法[81]，描绘了当调节变量高（均值加标准差）和低（均值减标准差）两种情况下，兴趣型好奇心和情感反应交互作用示意图，见图 2.3，以及绩效型好奇心和认知反应交互作用示意图，见图 2.4。从图 2.3 和图 2.4 中曲线走势可看出，情感反应与购买意愿的关系在兴趣型好奇心较高时比较低时更强，即 $H_{2.11}$ 得到支持；认知反应与购买意愿的关系在绩效型好奇心较高时比较低时更强，即 $H_{2.12}$ 得到支持。通过该方法的检验，$H_{2.11}$ 和 $H_{2.12}$ 更进一步得到了证实。

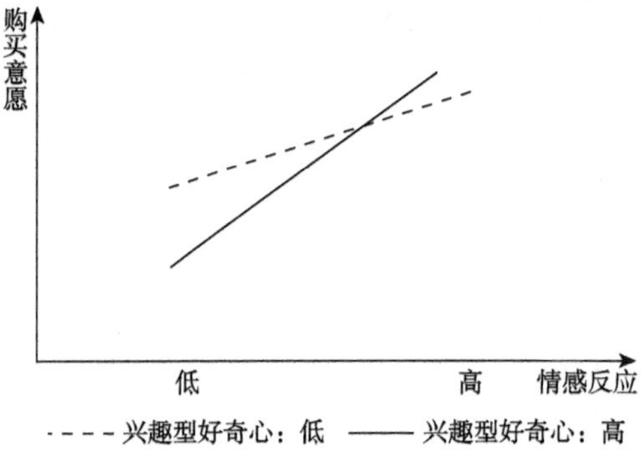

图 2.3　兴趣型好奇心对情感反应与购买意愿关系的调节

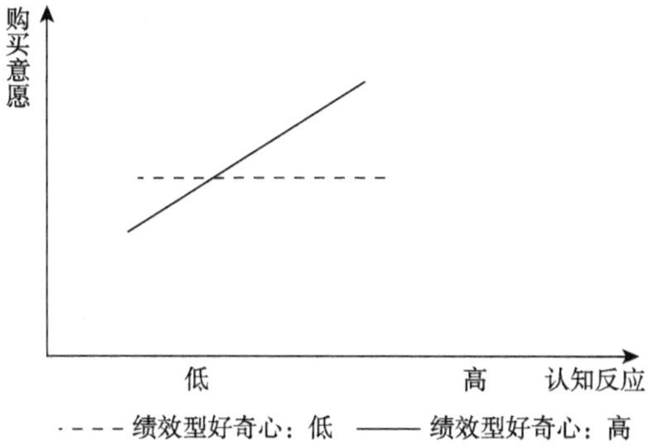

图 2.4　绩效型好奇心对认知反应与购买意愿关系的调节

（4）$H_{2.13}$是关于情感反应中介作用的假设。借鉴 Baron 和 Kenny 的方法[82]，本书进行了一系列的回归分析，结果如表 2.8 所示。中介效用成立必须同时满足下列四个条件：①主效应显著（路径 a），即认知反应显著影响购买意愿；②中介变量对因变量影响显著（路径 c），即情感反应显著影响购买意愿；③自变量对中介变量影响显著（路径 b），即认知反应显著影响情感反应；④对自变量对中介变量和中介变量对因变量影响的两条路径进行控制，如果认知反应（自变量）对购买意愿（因变量）的影响不再显著，则为完全中介作用；如果显著，但路径系数小于主效应的路径系数，则为部分中介作用。运用该方法进行检验的结果显示满足上述条件，当认知反应（自变量）和情感反应（中介变量）同时存在时，认知反应与购买意愿间的标准回归系数从 0.444 减小到 0.167，即对购买意愿的影响减弱了。由此可以说明，情感反应在认知反应对购买意愿的影响中起到了部分中介作用，即 $H_{2.13}$ 得到支持。

表2.8　中介效应检验结果

验证路径	情感反应的中介作用	
	路径 a、路径 b、路径 c 单独存在	路径 a、路径 b、路径 c 同时存在
路径 a：认知反应→购买意愿	0.444***	0.167***
路径 b：情感反应→购买意愿	0.505***	0.388***
路径 c：认知反应→情感反应	0.705***	0.705***
中介效应	部分中介作用	

***表示 $p<0.001$

2.5.3　实证结果分析与讨论

本书整合 SOR 模型和 ELM 模型，并引入好奇心，构建了网络口碑对消费者购买意愿影响的研究模型。通过对收集的 631 份有效样本进行结构方程模型分析，对提出的研究假设进行了检验，结果显示，除 $H_{2.4}$ 未得到支持外，其他 12 条假设均得到了实证结果的支持。下面将根据实证分析的结果，分别讨论论据质量和信息源可靠性对情感反应与认知反应的影响，进而对购买意愿的影响，并探究情感反应的中介作用以及兴趣型好奇心和绩效型好奇心的调节作用。

（1）情感反应和认知反应对消费者购买意愿的影响。

情感反应能促进消费者的购买意愿，这与前人的研究结论一致。Shih 等发现强烈的情感态度能够促进在线论坛用户积极参与网络口碑的沟通[24]。而且，情感反应显著正向影响用户对产品质量的感知[59]。Chen 在探讨用户对社交网站的使用意向时，也得到愉悦性能够产生显著影响的结论[23]。社会化网络中，很多人参与其中是出于社交和享乐的目的，当有关产品或服务的网络评论激发了消费者愉悦的情感时，消费者便会对该产品产生兴趣，进而产生购买意愿。

认知反应显著正向影响消费者的购买意愿，即消费者对网络口碑所产生的认知信念越强烈，越能促进消费者的购买意愿，该结论与以往学者的研究结论相符。Yang 和 Yoo 的研究发现用户会选择使用信息系统的原因之一是他们强烈的认知态度[60]。Li 等的研究也证实了网络用户认知层面上的感知信息相关性和隐私意识显著提升用户的隐私保护意向[37]。

通过比较情感反应和认知反应的影响效力，可以发现情感因素对消费者购买意愿的影响作用远远超过了认知的作用。换言之，社会化商务情境下，尽管消费者购买意愿的产生是基于认知和情感的共同作用，但是强烈的情感反应在促进消费者购买意愿中发挥着主导力量。随着消费者对网络口碑及相应产品或服务所生成的强烈的情感反应和认知反应，他们的购买意愿将变得更加强烈，而且消费者很有可能将自己的情感体验作为制定购买决策的依据。同时，认知反应显著正向影响情感反应，也表明了认知判断也会加强消费者的这种情感体验。

此外，情感反应的中介效用也得到证实，与武瑞娟和王承璐在研究消费者感知网店专业性与接近行为的关系时所得出的结论一致，他们发现了愉快和唤起情感在两者的关系中起到了中介作用[36]。社会化商务中，消费者阅读评论后的认知反应既可以直接影购买意愿，也可以通过情感反应间接发挥影响效力，这更体现了情感反应在网络口碑对消费者购买意愿影响过程中的重要作用。

（2）论据质量对情感反应和认知反应的影响。

论据强度对认知反应的影响是显著的，这与已有文献中高的论据强度能够提升用户感知网络口碑可靠性的研究结果相一致[14, 20]。具有说服力度的网络口碑会促进消费者的认知评价和判断，被视为是有用的。尤其是在社会化商务情境下，消费者所接触的评论者、推荐者不再局限于家人和朋友，而大多数是陌生人。所以，只有保证网络口碑中的论据足以使人信服，才能促使消费者采纳该网络评论，进而产生购买该产品的意向，并以此评论来制定购买决策。

但是论据强度对情感反应的影响并不显著，说明即使是使人信服的网络口碑也未必能促进消费者的情感反应。该结论与其他学者的研究存在差异[64]，可以从本书特殊的研究情境来解释，原因有可能在于，消费者认为有效的、使人信服的网络口碑有助于提高购物效率，帮助他们做出更好的购买决策。但是社会化商务情境下，存在着社会互动和娱乐价值，如果网络口碑内容的描述方式无趣，吸引力较小，即使被认为是有说服力的，消费者也不会产生愉悦甚至兴奋的情感。

论据效价对情感反应有显著的正向影响。表明正面网络口碑所占的比例越大，越能使消费者产生快乐甚至兴奋的情感，提高产品对消费者的吸引力。Ye 等发现高的论据效价能增加旅店的网上预订量[65]。Cui 等的研究也证实了高的论据效价能加强消费者的情感态度，进而提高电子产品和视频游戏的销量[19]。网络口碑的效价标志着商家的信誉及产品或服务总体上的质量，显然，效价越高，用户对产品或服务的满意程度就越高，因此也会吸引更多的后续消费者。

（3）信息源可靠性对情感反应和认知反应的影响。

高的信息源能力、信息源可信度和信息源活跃度能加强消费者的认知反应，该结果表明消费者认为来自可靠性较高的评论者的网络口碑更具有参考价值，这与前人研究所得出的信息源可靠性与认知态度显著正相关的结论相吻合[44, 67]。例如，Fang 发现信息源的专业能力显著正向影响网络口碑的感知可靠性，进而影响用户对网络口碑的采纳[20]。面对网络中的海量信息，消费者更愿意接受专家等有能力的人发表的评论。也有研究发现知识共享的积极程度[69]、网络口碑的感知有用性[16]都会受到信息源可信度的显著正向影响，信息源对身份信息披露得越多，用户对其信任程度就越大，进而产生的认知评价和判断就越强烈。Yin 等[22]和 Jensen 等[71]的研究都发现具有强烈情感唤起的评论更能够加强消费者对网络口碑的感知可靠性和感知有用性。

而且信息源能力和信息源可信度对认知反应的影响程度要大于信息源活跃度的作用，即消费者对网络口碑的认知评价和判断更多地依赖的是评论者的专业能力和可信任程度。而信息源活跃度对情感反应有更显著的正向影响，表明评论者在评论过程中所表现出来的活跃程度和情感唤起程度不仅能够加强消费者的认知，更能够促进消费者愉悦，甚至激动的情感反应。Johnston 和 Warkentin 在探讨组织中员工对被推荐信息技术的态度的实证研究中发现，信息技术推荐者的被感知活跃程度会对员工态度产生显著影响[67]。社会化商务情境下，评论者以一种充满活力、情绪饱满的状态所发表的评论，更能引起消费者产生共鸣，激发愉悦、快乐的情感，进而促使购买意愿的产生。

最后，通过比较论据质量（中心路径）的两个因素和信息源可靠性（外围路径）的三个因素对消费者情感反应和认知反应的影响效力，可以发现，总体上信息源可靠性的作用更加突出，即相比于中心路径，外围路径发挥了更加重要的作用。也就是说，在社会化商务情境下，网络口碑的来源特征要比网络口碑本身更能影响消费者的情感反应和认知反应。

（4）好奇心的调节作用。

兴趣型好奇心和绩效型好奇心分别显著正向调节情感反应对购买意愿的影响和认知反应对购买意愿的影响，以往研究中的管理者决策制定、网络环境下的知识搜索和信息加工[26, 27]也同样发现了好奇心的调节作用。用户浏览和搜索网络口碑，很大程度上是好奇心驱动的探索性行为，社会化商务情境下，好奇心的作用变得更加明显。兴趣型好奇心的消费者搜寻信息是出于兴趣，满足自身的快乐感和愉悦感，是与情感因素相关的，因此，浓厚的兴趣型好奇心会更强烈地提升情感反应对购买意愿的影响。绩效型好奇心能够降低不确定性，此类型的消费者更关注网络口碑的有用性和参考价值以及能否有效地指导他们做出购买决策，是与认知因素相关的，因此，浓厚的绩效型好奇心会更强烈地促进认知反应对他们购买意愿的影响。

2.6 研究贡献与管理启示

2.6.1 学术贡献

首先，基于 ELM 模型，从网络口碑的论据质量和信息源可靠性视角出发，着重考察了社会化商务情境下，论据强度和信息源活跃度对消费者购买意愿的影响，并分析了情感反应和认知反应在该影响过程中所扮演的角色，特别是情感反应的重要作用，弥补了之前多数研究只从认知角度考察网络口碑影响效力的不足。实证结果显示，消费者的购买意愿同时基于他们对网络口碑及所指向产品或服务的情感反应和认知反应，且情感反应发挥着主导力量并在认知反应对购买意愿的影响中起到部分中介作用。

其次，不同于以往研究只关注网络口碑的评论数量、长度、打分及评论者专业性和身份信息这几个方面，本书还考察了网络口碑在内容上的论据强度和网络口碑发送者的信息源活跃度的作用。论据强度和信息源活跃度都能够加强消费者的认知反应，重要的是，信息源活跃度对消费者情感反应的影响更加显著。

最后，在 SOR 模型的基础上引入好奇心构念，探讨兴趣型好奇心和绩效型好奇心的调节作用，不仅考察了有机体内部状态（O，即情感反应和认知反应）对个体行为意向（R，即消费者购买意愿）的影响，更进一步从个人特质视角深刻地探索了社会化商务情境下消费者的情感反应和认知反应对其购买意愿的作用机制。结果表明，兴趣型好奇心显著正向调节情感反应与购买意愿的关系，而绩效型好奇心显著正向调节认知反应与购买意愿的关系。

2.6.2　实践启示

在当今社会化商务逐渐兴起的时代，网络商家处于争夺顾客资源的激烈竞争中，越来越多的产品营销者和管理者正在努力尝试利用，甚至主动生成具有影响效力的网络口碑，以期望吸引更多的消费者，达到促进销售的目的。本书结论不仅具有理论上的意义，同时还能在实践中指导商家在如今的社会化商务市场中制定合理的网络口碑管理和营销策略。

首先，商家应该充分利用社会化媒体与消费者进行有效的沟通，通过社会化媒体来扩大产品的知名度、提高产品或服务的销量，并借助网络口碑展开营销活动。希望激发消费者积极的态度和购买意愿的商家，不仅需要关注消费者对网络口碑及所指向产品或服务的认知态度（如如何提高网络口碑的可靠性和有用性），更需要注重网络口碑所引发的情感反应。与提高网络口碑对消费者的认知评价和判断相比，激发消费者围绕产品或服务生成愉悦、满足、兴奋等积极的情感更有助于促进消费者的购买意愿。

其次，通过社会化媒体进行评价，意味着更加全面的产品或服务信息，传统电子商务中被商家刻意屏蔽的负面信息，在社会化商务中变得透明。因此，商家务必从产品和服务的质量出发积极地引导消费者发布正面的口碑信息，从而放大论据效价对消费者情感反应的影响，避免负面信息的不良后果。和传统电子商务情境下相同的是，具有说服力度的、高质量的网络口碑仍然是消费者判断网络口碑可靠性的因素之一，但是即使论据充分、使人信服的网络口碑也未必能促进消费者的情感反应。因此，除了要确保网络口碑具有高的论据强度，更要注意以具有吸引力的描述方式、相对活跃的情感状态来激发消费者积极快乐的情绪，提高消费者的满意度。

再次，社会化商务中，产品的推荐者、评价者和口碑分享者扮演着关键角色，相比网络口碑本身，网络口碑发送者特征对消费者的情感反应和认知反应的影响程度更大。因此，一方面商家应管理好本身的信息源，如企业在各大媒体上发布的广告和宣传信息；另一方面商家有必要采取激励措施鼓励有能力的、信誉度较高的社会化媒体用户在网络上发表或转载有关产品的网络评论。重要的是，评论者要以一种活跃的状态表达出相对强烈的情感，因为高的信息源活跃度不仅能影响消费者的认知反应，更能强化情感反应，从而促进购买意愿。商家可以使用一些奖励方式来建议口碑发布者和转载者在发表评论时不要只是单纯描述与产品或服务相关的属性特点，还要尽量多使用一些与情感有关的语气词，适度强烈地表达自己的购买和使用感受或建议。

最后，消费者受到不同的好奇心驱动，能够引起不同的购买决策作用机制。因此，社会化商务网站有必要区分不同好奇心特质的消费者，同时针对不同类型的消费者采取与之相匹配的口碑营销策略。为了了解消费者的好奇心特质，社会化商务网站需鼓励消费者提供好奇心方面的相关信息。一种比较快捷的方式就是在消费者注册阶段，通过一些有趣的问题来测试消费者的好奇心特质。同时，社会化商务网站可以利用大数据挖掘技术，通过挖掘和分析消费者的购买习惯、浏览网络评论的习惯等建立评价指标，从而动态评价消费者的好奇心特质。通过改进现有的网络评论管理系统，用“好奇心特质-网络评论”匹配模式来代替以评论时间排序的网络评论排列方式，更有针对性地增强不同好奇心特质的消费者的购买意愿。也就是说，兴趣型好奇心的消费者在浏览评论时将看到以引起消费者愉快感觉和唤起情感排序的网络评论，而绩效型好奇心的消费者将看到以引起消费者认知排序的网络评论。此外，本书的研究还可以推广到市场营销和网络广告领域，针对不同的用户，提供不同的推广策略。

2.6.3 研究局限与展望

通过理论研究与实证研究相结合的方法，探讨了网络口碑对消费者购买意愿的影响机理，取得了一定的研究成果和创新。但是，由于社会化商务是一个新兴领域，相关研究文献，尤其是中文文献相对较少，且受个人能力和研究条件的限制，本书尚存在一些不足之处，有待后续的进一步研究。主要表现在以下几个方面。

第一，本书选取的被调查者基本为高校本科生和研究生，主要考虑该群体比较热衷并能熟练使用社会化媒体，该同质样本虽然能有效控制其他变量，有利于研究假设的检验，但是，同质性局限了人口统计背景，研究结果未必能代表整体消费群体的购买决策过程。因此，在未来研究中，有必要扩大样本数据，在研究对象中加入除学生以外的其他消费群体，并结合人口统计变量对本书研究结果做进一步的验证，使研究结果更具有普遍意义。

第二，本书只考察了情感反应和认知反应之间的关系以及二者分别对购买意愿的影响，但是在影响消费者购买意愿时，情感反应和认知反应之间可能存在交互作用，而本书并未对其进行考察。因此，在今后的研究中，可以更加深刻地挖掘情感反应和认知反应与购买意愿间的关系，以丰富现有研究成果。

第三，本书结合社会化商务的研究情境，主要从人格特征视角出发，探讨了兴趣型好奇心对情感反应与购买意愿关系的影响以及绩效型好奇心对认知反应与购买意愿关系的影响，未来将会继续挖掘其他相关变量的调节作用，进一步增强模型的解释力度。此外，本书主要是在 SOR 模型的基础上，探讨了好奇心对 O（情感反应和认知反应）和 R（购买意愿）之间关系的调节作用，但是根据以往学者的研究，好奇心也会调节 S（网络口碑）和 O（情感反应和认知反应）之间的关系，因此，后续研究中，将对好奇心的调节作用进行更为全面和深刻的探讨。

2.7 小　　结

网络口碑对消费者行为的影响一直是学术界和实践领域所关注的焦点问题。尤其是随着 Web2.0 技术和社交网络的飞速发展，社会化营销逐渐盛行，网络口碑在社会化商务中的作用更加凸显。本书正是基于这样一种研究背景，以情感反应为视角，从论据质量和信息源可靠性两条路径出发，研究了网络口碑对消费者购买意愿的影响，并在此基础上引入好奇心构念，对网络口碑影响的内在作用机制进行了更加深刻的描述和探究。本书对网络口碑的研究展开了一个全新的视角，所得出的结论和研究成果对消费者行为研究的发展具有一定的理论贡献，同时为社会化商务网站和管理者制定行之有效的口碑营销策略提供了合理的实践指导。

参 考 文 献

[1] Turban E，Liang T P. Introduction to the special issue social commerce：a research framework for social commerce[J]. International Journal of Electronic Commerce，2011，16（2）：5-14.

[2] Zhang P，Zhou L，Zimmermann H D. Advances in social commerce research：guest editors' introduction[J]. Electronic Commerce Research and Applications，2013，12（4）：221-223.

[3] 张晓飞，董大海. 网络口碑传播机制研究述评[J]. 管理评论，2011，23（2）：88-92.

[4] 中国互联网信息中心（CNNIC）. 第 34 次中国互联网络发展状况统计报告[EB/OL]. http://www.cnnic.cn/hlwfzyj/hlwxzbg/hlwtjbg/201407/t20140721_47437.htm，2014-07-21.

[5] 中国互联网协会. 2019 中国社交电商行业发展报告[EB/OL]. http://www.199it.com/archives/912420.html，2020-02-28.

[6] 艾瑞咨询. 2010-2011 年中国社交网络市场研究报告[EB/OL]. https://wenku.baidu.com/view/751178bc1a37f111f1855b87.html，2012-02-20.

[7] Luo C，Luo X R，Schatzberg L，et al. Impact of informational factors on online recommendation credibility：the moderating role of source credibility[J]. Decision Support Systems，2013，56：92-102.

[8] 龚诗阳，刘霞，刘洋. 网络口碑决定产品命运吗——对线上图书评论的实证分析[J]. 南开管理评论，2012，15（4）：118-128.

[9] 卢向华，冯越. 网络口碑的价值——基于在线餐馆点评的实证研究[J]. 管理世界，2009，7：126-132.

[10] Mudambi S M，Schuff D. What makes a helpful online review? A study of customer reviews on Amazon. com[J]. MIS Quarterly，2010，34（1）：185-200.

[11] Chevalier J A，Mayzlin D. The effect of word of mouth on sales：online book reviews[J]. Journal of Marketing Research，2006，43（3）：345-354.

[12] Chintagunta P K，Gopinath S，Venkataraman S. The effects of online user reviews on movie box office performance：accounting for sequential rollout and aggregation across local markets[J]. Marketing Science，2010，29（5）：944-957.

[13] Zhu F，Zhang X. Impact of online consumer reviews on sales：the moderating role of product and consumer characteristics[J]. Journal of Marketing，2010，74（2）：133-148.

[14] Cheung M Y，Luo C，Sia C L，et al. Credibility of electronic word-of-mouth：informational and normative determinants of on-line consumer recommendations[J]. International Journal of Electronic Commerce，2009，13（4）：9-38.

[15] Connors L，Mudambi S M，Schuff D. Is it the review or the reviewer? A multi-method approach to determine the antecedents of online review helpfulness[C]. In Proceedings of the 44th Hawaii International Conference on System Sciences（HICSS），Koloa，2011.

[16] Forman C，Ghose A，Wiesenfeld B. Examining the relationship between reviews and sales：the role of reviewer identity disclosure in electronic markets[J]. Information Systems Research，2008，19（3）：291-313.

[17] Racherla P，Friske W. Perceived 'usefulness' of online consumer reviews：an exploratory investigation across three services categories[J]. Electronic Commerce Research and Applications，2012，11（6）：548-559.

[18] Baek H，Ahn J，Choi Y. Helpfulness of online consumer reviews：readers'objectives and review cues[J]. International Journal of Electronic Commerce，2012，17（2）：99-126.

[19] Cui G，Lui H K，Guo X. The effect of online consumer reviews on new product sales[J]. International Journal of Electronic Commerce，2012，17（1）：39-58.

[20] Fang Y H. Beyond the credibility of electronic word of mouth：exploring eWOM adoption on social networking sites from affective and curiosity perspectives[J]. International Journal of Electronic Commerce，2014，18（3）：67-102.

[21] Stieglitz S，Linh D. Emotions and information diffusion in social media-sentiment of microblogs and sharing behavior[J]. Journal of Management Information Systems，2013，29（4）：217-248.

[22] Yin D，Bond S D，Zhang H. Anxious or angry? Effects of discrete emotions on the perceived helpfulness of online reviews[J]. MIS Quarterly，2014，38（2）：539-560.

[23] Chen R. Member use of social networking sites—an empirical examination[J]. Decision Support Systems，2013，54（3）：1219-1227.

[24] Shih H，Lai K，Cheng T. Informational and relational influences on electronic word of mouth：

an empirical study of an online consumer discussion forum[J]. International Journal of Electronic Commerce，2013，17（4）：137-166.
[25] 亓胜辉，余林，马建苓. 人格特质对认知老化的影响及其机制[J]. 心理科学进展，2013，21（1）：96-107.
[26] Koo D M，Choi Y Y. Knowledge search and people with high epistemic curiosity[J]. Computers in Human Behavior，2010，26（1）：12-22.
[27] Litman J A. Relationships between measures of I- and D-type curiosity, ambiguity tolerance, and need for closure：an initial test of the wanting-liking model of information-seeking[J]. Personality and Individual Differences，2010，48（4）：397-402.
[28] Mehrabian A, Russell J A. An Approach to Environmental Psychology[M]. Cambridge：The MIT Press，1974.
[29] Donovan R J，Rossiter J R. Store atmosphere-an environmental psychology approach[J]. Journal of Retailing，1982，58（1）：34-57.
[30] Baker J，Levy M，Grewal D. An experimental approach to making retail store environmental decisions[J]. Journal of Retailing，1992，68（4）：445-460.
[31] 霍俊杰. 大型超市零售环境对顾客感知及购物行为影响的实证研究[D]. 浙江大学硕士学位论文，2008.
[32] 马小琴. 基于体验视角的消费者商业街惠顾意向研究[D]. 吉林大学博士学位论文，2010.
[33] Baker J，Parasuraman A，Grewal D，et al. The influence of multiple store environment cues on perceived merchandise value and patronage intentions[J]. Journal of Marketing，2002，66（2）：120-141.
[34] Hsin H，Su W. The impact of online store environment cues on purchase intention：trust and perceived risk as a mediator[J]. Online Information Review，2008，32（6）：818-841.
[35] Parboteeah D V，Valacich J S，Wells J D. The influence of website characteristics on a consumer's urge to buy impulsively[J]. Information Systems Research，2009，20（1）：60-78.
[36] 武瑞娟，王承璐. 网店专业性对消费者情感和行为影响效应研究——一项基于大学生群体的实证研究[J]. 管理评论，2014，26（1）：109-119.
[37] Li H, Sarathy R, Xu H. The role of affect and cognition on online consumers' decision to disclose personal information to unfamiliar online vendors[J]. Decision Support Systems，2011，51（3）：434-445.
[38] Zhang H, Lu Y, Gupta S, et al. What motivates customers to participate in social commerce? The impact of technological environments and virtual customer experiences[J]. Information & Management，2014，51（8）：1017-1030.
[39] Fang Y H. Does online interactivity matter? Exploring the role of interactivity strategies in consumer decision making[J]. Computers in Human Behavior，2012，28（5）：1790-1804.
[40] Petty R E, Cacioppo J T. Central and peripheral routes to persuasion：application to advertising[C]// Percy L，Woodside A. Advertising and Consumer Psychology. Lexington：Lexington Books，1983：3-23.
[41] Anthony G G，Leavitt C. Audience involvement in advertising：four levels[J]. Journal of

Consumer Research，1984，11：581-592.

[42] Mak B，Schmitt B H，Lyytinen K. User participation in knowledge update of expert systems[J]. Information & Management，1997，32（2）：55-63.

[43] Dijkstra J J. User agreement with incorrect expert system advice[J]. Behaviour & Information Technology，1999，18（6）：399-411.

[44] Sussman S W，Siegal W S. Informational influence in organizations：an integrated approach to knowledge adoption[J]. Information Systems Research，2003，14（1）：47-65.

[45] Bhattacherjee A，Sanford C. Influence processes for information technology acceptance：an elaboration likelihood model[J]. MIS Quarterly，2006，30（4）：805-825.

[46] Lee J，Park D H，Han I. The effect of negative online consumer reviews on product attitude：an information processing view[J]. Electronic Commerce Research and Applications，2008，7（3）：341-352.

[47] 宋晓兵，丛竹，董大海. 网络口碑对消费者产品态度的影响机理研究[J]. 管理学报，2011，8（4）：559-566.

[48] 殷国鹏. 消费者认为怎样的在线评论更有用?——社会性因素的影响效应[J]. 管理世界，2012，（12）：115-124.

[49] Litman J A. Interest and deprivation factors of epistemic curiosity[J]. Personality and Individual Differences，2008，44（7）：1585-1595.

[50] Koo D M，Ju S H. The interactional effects of atmospherics and perceptual curiosity on emotions and online shopping intention[J]. Computers in Human Behavior，2010，26（3）：377-388.

[51] Schneider A，von Krogh G，Jäger P. "What's coming next?" Epistemic curiosity and lurking behavior in online communities[J]. Computers in Human Behavior，2013，29（1）：293-303.

[52] Dellarocas C，Zhang X M，Awad N F. Exploring the value of online product reviews in forecasting sales：the case of motion pictures[J]. Journal of Interactive Marketing，2007，21（4）：23-45.

[53] 李巍，王志章. 网络口碑发布平台对消费者产品判断的影响研究——归因理论的视角[J]. 管理学报，2011，8（9）：1345-1352.

[54] Crites S L，Fabrigar L R，Petty R E. Measuring the affective and cognitive properties of attitudes：conceptual and methodological issues[J]. Personality and Social Psychology Bulletin，1994，20（6）：619-634.

[55] Zhang P. The affevtive response model：a thoretical framework of affective concepts and their relationships in the ICT context[J]. MIS Quarterly，2013，37（1）：247-274.

[56] Eroglu S A，Machleit K A，Davis L M. Atmospheric qualities of online retailing：a conceptual model and implications[J]. Journal of Business Research，2001，54（2）：177-184.

[57] Peck J，Childers T L. If I touch it I have to have it：individual and environmental influences on impulse purchasing[J]. Journal of Business Research，2006，59（6）：765-769.

[58] Adolphs R，Tranel D，Damasio A R. Dissociable neural systems for recognizing emotions[J]. Brain and Cognition，2003，52（1）：61-69.

[59] Compeau L D，Grewal D，Monroe K B. Role of prior affect and sensory cues on consumers'

affective and cognitive responses and overall perceptions of quality[J]. Journal of Business Research, 1998, 42 (3): 295-308.

[60] Yang H, Yoo Y. It's all about attitude: revisiting the technology acceptance model[J]. Decision Support Systems, 2004, 38 (1): 19-31.

[61] Lazarus R S. Thoughts on the relations between emotion and cognition[J]. American Psychologist, 1982, 37 (9): 10-19.

[62] Petty R E, Cacioppo J T, Goldman R. Personal involvement as a determinant of argument-based persuasion[J]. Journal of Personality and Social Psychology, 1981, 41 (5): 847-855.

[63] Areni C S, Lutz R J. The role of argument quality in the elaboration likelihood model[J]. Advances in Consumer Research, 1988, 15 (1): 197-203.

[64] McCroskey L L, McCroskey J C, Richmond V P. Analysis and improvement of the measurement of interpersonal attraction and homophily[J]. Communication Quarterly, 2006, 54 (1): 1-31.

[65] Ye Q, Law R, Gu B, et al. The influence of user-generated content on traveler behavior: an empirical investigation on the effects of e-word-of-mouth to hotel online bookings[J]. Computers in Human Behavior, 2011, 27 (2): 634-639.

[66] Dellarocas C, Awad N F, Zhang X. Exploring the Value of Online Reviews to Organizations: Implications for Revenue Forecasting and Planning[C]. In Proceedings of the 25th International Conference on Information Systems (ICIS), Washington, DC, USA, 2004.

[67] Johnston A C, Warkentin M. The influence of perceived source credibility on end user attitudes and intentions to comply with recommended IT actions[J]. Journal of Organizational and End User Computing, 2010, 22 (3): 1-21.

[68] Sun T, Youn S, Wu G, et al. Online word-of-mouth(or mouse): an exploration of its antecedents and consequences[J]. Journal of Computer-Mediated Communication, 2006, 11(4): 1104-1127.

[69] Ma M, Agarwal R. Through a glass darkly: information technology design, identity verification, and knowledge contribution in online communities[J]. Information Systems Research, 2007, 18 (1): 42-67.

[70] LeeRaito.com. Social commerce chapter[R]. Http://leeraito.com/socialcommerce-chapter/, 2007.

[71] Jensen M L, Averbeck J M, Zhang Z, et al. Credibility of anonymous online product reviews: a language expectancy perspective[J]. Journal of Management Information Systems, 2013, 30 (1): 293-324.

[72] Wang C, Zhang P. The evolution of social commerce: the people, management, technology, and information dimensions[J]. Communications of the Association for Information Systems, 2012, 31 (5): 1-23.

[73] Pillai A, Mukherjee J. User acceptance of hedonic versus utilitarian social networking web sites[J]. Journal of Indian Business Research, 2011, 3 (3): 180-191.

[74] Schneider B. Interactional psychology and organizational behavior[J]. Research in Organizational Behavior, 1983, 5 (1): 1-31.

[75] Song J, Zahedi F M. A theoretical approach to web design in e-commerce: a belief reinforcement model[J]. Management Science, 2005, 51 (8): 1219-1235.

[76] 邱皓政，林碧芳. 结构方程模型的原理与应用[M]. 北京：中国轻工业出版社，2009.

[77] Fornell C，Larcker D F. Evaluating structural equation models with unobservable variables and measurement error[J]. Journal of Marketing Research，1981，18（3）：375.

[78] Gefen D，Straub D. A practical guide to factorial validity using PLS-Graph：tutorial and annotated example[J]. Communications of the Association for Information Systems，2005，16：article 5.

[79] Hulland J. Use of partial least squares（PLS）in strategic management research：a review of four recent studies[J]. Strategic Management Journal，1999，20（2）：195-204.

[80] Chin W W，Marcolin B L，Newsted P R. A partial least squares latent variable modeling approach for measuring interaction effects：results from a monte carlo simulation study and an electronic-mail emotion/adoption study[J]. Information Systems Research，2003，14（2）：189-217.

[81] Aiken L S，West S G. Multiple Regression：Testing and Interpreting Interactions[M]. Hillsdale：Erlbaum，1991.

[82] Baron R M，Kenny D A. The moderator-mediator variable distinction in social psychological research：conceptual，strategic，and statistical considerations[J]. Journal of Personality and Social Psychology，1986，51（6）：1173-1182.

第3章　负面评论回复策略及其影响机制

作为网络口碑的表现形式之一，电子商务系统中的在线评论信息受到消费者的极大关注。由于负面偏差效应的存在，相较于正面评论，负面评论对潜在消费者产生的影响效果更大。因此，在电商平台上，如何降低已有负面评论对潜在消费者购买意愿的影响是商家亟待思考的现实问题。恰当的回复策略能够削弱负面评论的消极影响，提升潜在消费者购买意愿，提升商家的信誉与形象。已有关于商家回复的研究中，较少关注不同的回复策略对潜在消费者购买意愿的影响机制。基于归因理论和商家回复的相关研究结论构建研究模型，首先探究潜在消费者由于阅读负面评论而形成的产品归因对购买意愿的影响机理。其次在此基础上，进一步探索商家回复的间隔时间、口吻和匹配度在产品归因与潜在消费者购买意愿之间关系中起到的调节作用。采用组间情景模拟实验方法，从百度外卖真实评论环境中截取负面评论和商家回复的图片信息作为实验情景，对模型进行验证。本书研究结论对商家具有实践指导意义，为电商平台上的商家管理负面评论提供决策建议。

3.1　问 题 描 述

由于网络购物交易过程中的信息不对称，以及交易过程的非同步性，消费者通常会综合利用多种方式搜寻商家和产品的详细信息来降低风险。在线评论是消费者进行网络购物时的重要信息参考来源[1]。根据中国互联网络信息中心的报告统计，58%的消费者认为互联网和社会媒体中的口碑信息会影响其后续的购买行为[2]。作为网络口碑的表现形式之一，在线评论能够最大化地削弱消费者的感知风险和商品信息的不确定性，是潜在消费者做出购买决策的重要依据[3]。在线评论依据情感倾向的差异性，可以划分为负面评论、中性评论和正面评论三种类型[4]。其中，负面评论是消费者因交易过程中的不愉快体验而发布的评论，是消费者通过在线评论系统发布消极体验的一种形式[5]。负面评论不但会影响商家的信誉和形象，继而降低产品销量和商家的绩效[6]，同时反映了已交易购买者的消极购物体验，并且对潜在消费者的购买决策产生倾向性引导。根据“负面偏差”效应主张，负面评论比正面评论更易受到消费者关注[7]。消费者倾向于认为负面评论本身的信息量更大，真实性更高，更具有判断性价值，因此在购买决策时更依赖于负面评论[8]。

商家通常采用解释回复的策略对负面评论进行管理。商家回复不仅能够缓解负评者的不满情绪，减少负评者进一步传播负面口碑的可能性，还能够在潜在消费者中营造积极的商家形象和商家信誉，传递自身良好的顾客关系管理能力。潜在消费者就像是一位旁观者，时刻关注负评者和商家之间透明化的沟通与交流。这种透明化的交流会潜移默化地影响潜在消费者对商家的感知。目前，在社会化商务平台上，商家回复的质量良莠不齐，并且缺乏恰当的回复机制。低质量的商家回复容易使潜在消费者产生逆反心理，导致客户流失，降低产品销量[9]。因此，商家如何采取有效的回复策略来削弱负面评论带来的消极影响、营造良好的商家形象、传递优秀的顾客关系管理能力，是亟待解决的问题。已有研究发现潜在消费者在选择体验型产品时会更加依赖评论内容去判断商品质量[10]。外卖餐饮、票务等本地生活服务领域的商品都属于典型的体验型产品。因此，以商家对体验型产品的负面评论进行回复为出发点，探究商家回复策略对于潜在消费者购买意愿的作用机理是至关重要的。

平台上的消费者可以分为两种：一种是已经交易的消费者，另一种是潜在的尚未进行交易的消费者。当已交易消费者产生消极的产品体验时，会通过留言评论的方式表达不满，这就是负面评论者发布评论的原始动机所在。对于该产品的潜在消费者来说，虚拟的产品无法在信息搜索时准确获知产品质量，因此需要依赖已交易消费者发布的评论信息去辅助自己的购买决策。为了规避潜在的交易风险，潜在消费者往往更容易受到负面评论的倾向性引导，所以商家在此时的回复信息变得至关重要。针对上述现象，整合归因理论和情景危机沟通理论，针对以下两个研究问题进行探讨：

（1）潜在消费者阅读负面评论后形成产品归因时如何影响潜在消费者购买意愿？

（2）制定怎样的商家回复策略能够最大化地削弱负面评论带来的负面效应？

3.2 负面评论与商家回复

3.2.1 负面评论

网络口碑[6]或在线评论[11]是指消费者在进行网络购物的同时通过在线评论系

统分享自己的购物经历和产品信息的过程。在线评论具有透明性和公开性，消费者可以用较小的信息检索成本便捷地获取到在线评论[12]。此外，互联网等数字技术和社会媒体的发展促使产品或服务的质量和在线评论信息能够以一种前所未有的速度在更大的范围内扩散和传播，很容易被其他旁观者关注，会影响并引导潜在消费者做出后续的购买行为[13]。

根据情感倾向的差异性，评论可以划分为负向和正向两种极性。当消费者经历了消极的购物经历，或者实际获得的产品或服务没有达到预期，就会向周围的朋友抱怨自己的消极购物体验，此时就会产生负向评论[14]。相较于正向的信息，负面的评论对于消费者的影响更大[15]。Maheswaran 和 Mayers-Levy 认为在购买决策的过程中消费者更倾向于削弱感知风险和产品的不确定性而不是增强感知利益，负面口碑信息具有较高的真实性和可靠性，正是因为具有较高的信息价值才使得负面口碑比正向口碑具有更大的影响效果[16]。

已有研究针对负面评论的类别和传播效果进行了探讨，相关研究归纳如下。

1）负面评论的特点和分类

李宏认为负面评论通常是针对产品、物流和服务水平三个方面的评价[17]。张中科和王春和认为产品属性相关的负面评论包括两个部分[18]：主观因素型和客观因素型，研究证明无论是主观因素型的负面评论还是客观因素型的负面评论都会显著影响消费者的购买意愿和商家满意度，但是相较于主观因素型的负面评论来说，客观因素型的负面评论的影响效果更大。

2）负面评论的传播效果

郑有为认为，对于消费者来说，和商品特征相关的客观事实型负面评论和主观态度型负面评论均具有较高的信息价值，都能够为消费者提供有价值的产品或服务信息[19]。黎小林认为负面评论会削弱其他潜在消费者的购买欲望[20]。张永健和史有春将产品涉入度作为调节变量探究了正面评论和负面评论的比例影响消费者满意度背后的作用机制，结果显示在一定的临界值下，产品涉入度越低时负面评论对消费者的商家满意度的影响越显著，结果显示两者的关系符合一种倒 U 形曲线[21]。除了将产品归因作为中介变量之外，已有学者证明了产品涉入度、信任和消费者专业能力在负面评论影响消费者购买意愿的过程中起到了中介作用[22]。与上文的研究结论一致，卢向华和冯越以 O2O（online to offline，线上到线下）在线餐饮网站“大众点评网”平台上真实的 O2O 餐饮评论数据为基础进行研究，结果表明评论比例和评论数量对商家的绩效表现都会造成影响[23]。

目前，负面评论相关的研究侧重于探讨负面评论对于后续消费者行为的关键作用，而鲜有从商家的角度探讨如何对负面评论及时做出响应以降低负面评论对消费者的消极影响及对商家自身声誉和盈利等的负面影响。

3.2.2 服务补救视域下的商家回复策略

服务补救是商家所采取的积极的补偿行为，目的在于挽留和安抚产生不满情绪的消费者，实现现有消费者的留存并提高留存消费者的忠诚度，促进二次购买。服务补救逐渐成为服务管理中的研究焦点，已有研究从不同的视角、采用不同的方法探讨了服务补救对消费者满意度甚至商家绩效表现的作用机制。研究发现，服务补救在维护顾客关系，树立良好的商家形象以及鼓励员工士气等方面具有显著的正向影响[24]。

消费者在线下实体店进行消费并产生消极情绪时，由于个体之间的差异性以及信息传播屏障的存在，负面口碑传播的速度较低，除了身边的亲朋好友，大部分的消费者没有获取负面口碑的途径。商家对抱怨者的补救也是在封闭的环境中一对一地进行，其他消费者难以获知具体的补救措施。电商平台评论系统的出现彻底打破了传统服务补救的壁垒，消费者的负面口碑信息具有透明性和公开性，负面评论能够在极短的时间在大范围内进行传播。此时，商家在安抚已交易消费者消极情绪的同时，更加关注尚未交易的潜在消费者对商家的态度和认知[25]。本书可以将传统线下的服务补救方式延伸到线上服务补救当中来，但是由于线上的购买行为具有匿名性和虚拟性，服务失误出现的频率和比率都会更高。如果不能及时补救在线服务失误情况，负面评论者可能进一步在社交圈和问答社区等社会媒体上传播负面信息，继而影响商家的绩效和销量[26]。

将商家管理负面评论时所进行的在线回复行为看作对服务失误的补救措施，即将商家回复行为看作服务补救行为[27]。杜建刚和范秀成认为服务补救是商家针对服务失败而采取的积极反应，主要目的是最大化地降低服务失误对消费者感知商家产品质量、顾客满意度产生的影响[28]。李宏发现，尽可能地对负面评论进行补救能够积极改变消费者的品牌态度和购买意愿，相较于仅进行单纯的道歉，在道歉的基础上进行针对性的解释更能积极影响顾客的品牌态度[27]。在 O2O 餐饮情境下，低水平的产品和服务作为核心服务失误会直接导致顾客流失，44%的被调研对象认为核心服务失误会降低他们对商家的信任甚至将商家拉入黑名单，因此服务补救对于阻止顾客流失至关重要[29]。对于电子商务环境下的商家回复行为，Richins 认为对购买者的抱怨回应不足、缺乏恰当的回复机制、低效率的产品改进措施，都会导致负面口碑的加速传播[30]。优质的商家回复不仅能够安抚现有的消费者，同时也向潜在消费者传达了商家的责任感和高质量的服务水平。商家回复是一把“双刃剑”，对负面评论进行量身定制的回复是至关重要的。

在对管理回复的相关文献进行梳理后发现，越来越多的学者开始关注管理回复对在线消费者评论的影响机制。许多研究人员通过实验的方式来探讨管理回复对潜在消费者的品牌态度[31,32]、满意度[33,34]、信任[35]以及品牌评价[36]的影响作用。一般而言，定期对负面评论进行回复非常重要[37]。商家时常对评论进行回复会增强客户参与度，因此会带来更多的评论、更高的评论效价、更多的评论有用性投票以及更好的人气排名[38]。

商家回复的方式决定商家回复的有效性。很多学者针对商家回复的不同特征进行了研究。例如，及时回复或延迟回复[34,38]，以移情、释义、生动或专业的方式进行回复[9,34,39]，由高职位的员工进行回复或由低职位的员工进行回复[9]，在以消费者为中心的平台上进行回复或者在品牌赞助平台上进行回复[36]，针对潜在消费者的回复或者针对负评者的回复[40]。许多研究已经探讨了商家回复的内容，并试图找出有效管理回复中的突发事件的方法。已有一些学者将研究焦点放在商家在防御性回复和适应性回复之间的选择上。Lee 和 Song 发现相较于防御性的回复或者不进行回复，适应性的回复能够提升消费者对公司的信誉评估[39]。Lee 和 Cranage 发现，针对低一致性评论进行防御性回复，针对高一致性评论进行适应性回复，能够有效改善潜在消费者的品牌态度[31]。van Laer 和 de Ruyter 认为，以叙述性的形式进行适应性的回复，以分析的形式进行防御性的回复更为有效[32]。针对负面评论进行定制化、个性化的商家回复不仅能够给消费者传递额外的有用信息，而且可以增强对话人的沟通感知，是非常值得实施的策略[41]。通用或标准化的回复与消费者评论的相关性较低，针对问题或表明实情的特定回复能够提高沟通的感知质量，提高潜在消费者信任[36]。

综上，已有关于商家回复的研究大都集中在回复特征和回复方式上，且研究较为宽泛，并未对回复质量等回复特征进行更深入的研究。鲜有研究者对商家回复间隔时间、商家回复口吻和商家回复匹配度等体现回复质量的特征进行深入研究，这些特征如何发挥作用值得进一步探讨。

由于潜在消费者购买意愿是反映商家回复削弱负面评论负面效应的关键指标，因此，本书在已有研究的基础上，对商家回复的间隔时间、口吻和匹配度这三个特征对负面评论影响购买意愿过程中产生的影响进行探究。通过基于问卷的组间情景模拟实验的方式设置不同的情景信息，探索不同类型的商家回复策略对负面评论影响购买意愿过程的削弱作用。

3.2.3　归因理论

1）归因理论的基本内涵

每个人的行为背后都是有缘由的，对这些行为成因的推测即归因[42]。归因理论可以用于解释人们对行为所做出的因果推断，以及因果推断结果对人们行为态度产生的影响[43]。潜在消费者对负面评论者发布评论的动机进行推断后得出的归因结果，决定了潜在消费者感知负面评论有用性和真实性的高低，进而会对消费者后续行为造成影响[44]。在购买决策过程中，潜在消费者试图去解释导致评论者发布负面评论的原因，即潜在消费者会对评论者发布负面评论的动机进行推断，主观推断的结果就是评论归因。且无论潜在消费者主观推断的结果正确与否，潜在消费者感知到的因果关系都会影响其后续的购买行为[45]。

根据归因理论，潜在消费者在阅读负面评论时通常会形成两种评论归因[45]，一种是产品归因，是指潜在消费者认为负面评论的发布是由外在的产品因素所致；另外一种是评论者归因，是指潜在消费者认为负面评论的发布是由评论者个人主观偏好等因素造成的。由于负面评论的内容涉及电子商务闭环的各个环节，包括产品体验、交易过程、客服过程、物流服务、售后服务等各个方面，任何一个环节都有可能产生负面评论。潜在消费者在对产品进行评估时，不仅会考虑产品的质量和性能，还会考虑很多外在的因素，如产品物流速度、产品售后服务水平、产品购买支付便捷性等。在整个电子商务闭环的链条上，越来越多的外部因素会导致潜在消费者形成产品归因。

2）负面评论与归因理论

已有的关于负面评论的研究中，归因理论作为经典的心理学理论，已经被很多学者延伸至在线口碑领域来研究负面评论影响消费者行为和意愿背后的作用机理。例如，Laczniak 从负面评论的一致性、区分性和持续性的角度，研究负面评论对零售商信誉的影响，结果显示负面评论不会自动生成更多的负面评论[46]。潜在消费者在阅读了负面评论之后，会对负面评论产生的动机进行推断，推断的结果会影响其对商家的评价以及后续的购买行为。Laczniak 等主张负面评论信息传递的方式以及商家品牌的大小和熟知程度会影响信息接收者对负面评论的归因，信息接收者对评论内容负面性的动机推断会影响对商家的品牌判断[47]。Sen 和 Lerman 认为对于体验型产品来说，相较于将发布负面评论的动机归因于客观产品因素，消费者会选择将评论者发布负面评论的动机归因于个人主观因素，进而推断此类负面评论可信性较低[45]。张中科和王春和认为，将负面评论信息的特征按照一致性、区分性和持续性三个特征随机组合时，消费者会形成不同类型的归因，包括产品或服务、口碑传播者和情境因素三个部分[18]。

综上，本书将产品归因界定为潜在消费者将负面评论的发布归因于外在产品因素，如产品体验、产品外观、产品物流服务水平、产品售后服务水平、产品购买支付过程便捷性等，也就是说负面评论是基于客观事实和真实的商品购买经历等外部因素而提出的，潜在消费者认为该评论具有较高的有用性，导致其对产品的体验、物流和售后等服务产生怀疑，进而降低潜在消费者购买意愿。

3.3　理论模型与研究假设

以电商平台入驻商家对负面评论进行回复为切入点，基于归因理论和服务补救的相关研究，构建了本章的研究框架，如图 3.1 所示。潜在消费者在阅读负面评论之后形成产品归因会显著负向影响潜在消费者购买意愿。与此同时，商家回复间隔时间、回复口吻和回复匹配度对产品归因与潜在消费者购买意愿之间的关系起到调节作用。

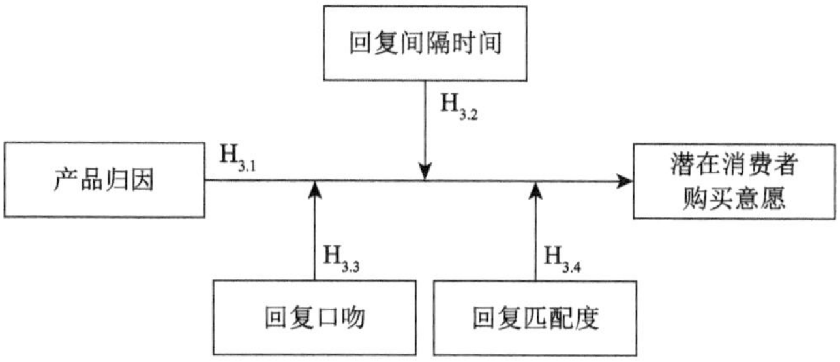

图 3.1　研究框架

3.3.1　产品归因与购买意愿

潜在消费者对负面评论者发布负面评论背后的动机进行推断的结果，会显著影响潜在消费者对负面评论真实性和有用性的感知，并且会影响潜在消费者后续的决策行为[48]。在购买决策过程中，潜在消费者试图去解释导致评论者发布负面评论的原因，即潜在消费者会对评论者发布负面评论的动机进行推断，主观推断的结果就是评论归因。且无论潜在消费者主观推断的结果正确与否，潜在消费者感知到的因果关系都会影响其后续的购买行为[45]。

基于以上讨论，提出如下假设：

$H_{3.1}$：产品归因与潜在消费者购买意愿显著负相关。

3.3.2　商家回复的调节作用

通常，消费者发表负面评论来表达对较差消费体验的不满情绪，他们在心理上希望商家能够给予回应并采取有效措施来化解矛盾[9]。商家在此时进行恰当的回复能够事半功倍，适时的削弱消费者的消极情绪[34]。商家在管理负面评论时主动进行解释回复可以视为对服务失败的补救措施[27]。解释与回复是对负面评论进行补救的常用手段，目的在于削弱负面评论带来的消极影响[9]。本书选择了商家回复间隔时间、回复口吻和回复匹配度这三个特征来研究不同的商家回复策略的调节作用，以及怎样的商家回复策略能够最大化地削弱产品归因降低购买意愿的过程。

1）回复间隔时间

商家回复间隔时间是指商家回复的时间点与负面评论发布的时间点之间时间间隔的长度。Kelly 和 Michela 的归因模型认为消费者在推断事件的因果关系时，事件或行为之间的时间联系起到至关重要的作用[43]。因此，本书认为时间间隔在人们建立行为之间因果关系的过程中是一个至关重要的线索[49,50]。按照回复间隔时间的长短，本书将回复间隔时间分为：回复间隔时间长和回复间隔时间短两个水平。回复间隔时间的长短能够直接体现商家的服务效率和态度。本书认为，相较于只显示回复时间，进一步显示回复间隔时间能够使潜在消费者对商家的服务效率有更加直观的感知。从消费心理学的角度考虑，潜在消费者在阅读负面信息时，期待商家能够做出合理的解释并给出解决方案，商家回复越及时，消费者的感知商家满意度越高[9]。

按照商家回复的及时性进行划分，商家服务补救时机包括延迟补救和及时补救两种类型，及时补救能够满足消费者的预期，相反，延迟补救则会加重不满情绪[51]。商家回复或者对抱怨处理的感知及时性是服务补救中的重要影响因素。时效的重要性在服务评价文献中被广泛研究，它们认为及时响应对于影响消费者进行服务质量评估至关重要[52]。一方面，迅速响应十分必要，许多服务问题扩散速度非常快，商家向消费者证明自身信誉与形象的机会稍纵即逝[53]。较短的服务补救时间能够使潜在消费者对商家的诚心和控制能力有较好的感知[54]，使得消费者更愿意分享和推荐商家信息[55]，提高消费者满意度的同时也会产生正向的口碑传播效应[56]。另一方面，及时响应对于影响消费者进行服务质量评估至关重要[52]，消费者的预期能否及时得到满足直接影响潜在消费者的品牌忠诚度[51]。

由上述文献可以看出，在线下服务补救的背景下，响应速度的重要性有大量的研究成果支持。但是在互联网的环境下，以电子商务为背景，鲜有文献研究响应速度在商家对负面评论进行回复的情境下是否依然适用。Tripp 和 Gregoire 研究发现消费者在四周内收到一个满意的解决方案会降低他们反击的欲望，四周之后采取的解决方案不起作用[57]。但是这个研究的对象是利益已经受到伤害的消费者，而不是本书所提到的潜在消费者。Min 等发现无论商家是在 24 小时内回复、两周内回复还是一个月后回复，对消费者满意度的影响没有任何区别[34]。因此，关于响应速度是否在线上环境依然适用的研究存在争议。基于以上研究结论进行推断，潜在消费者在阅读负面评论时形成的负面感知会因商家回复间隔时间的长短而加强或削弱，继而影响潜在消费者购买意愿[58]。基于以上讨论，提出假设：

$H_{3.2}$：回复间隔时间对产品归因与潜在消费者购买意愿之间的关系具有负向调节作用，并且回复间隔时间短时的影响效果比回复间隔时间长时的影响效果更大。

2）回复口吻

商家回复口吻是指商家在回复时所用的沟通方式和交流风格。回复口吻可分为：专业化口吻（professional voice）和拟人化口吻（conversational human voice）[36]。拟人化口吻指以一种富有情感、愉快且自然的方式进行沟通[59]。相反，专业化口吻指一种更为规范化的回复，专业化口吻较为正式、以目标为导向，但是缺乏情感内容的表达。

随着电商的消费升级，消费群体的年轻化催生了越来越多的拟人化沟通的场景。例如，从外卖平台的“您的外卖已送出，请您耐心等待”到使用“外卖小哥已整装待发，行使 20 分钟与您相遇”，从三只松鼠的“尊敬的顾客”到“亲爱的主人”，等等，越来越多的商家尝试使用拟人化沟通的方式进行品牌营销，已达到提升商家形象的目的。采用拟人化的口吻通常可以提高消费者对企业的评价[36,59]，能够使消费者在沟通过程中感知到更高的有效性[60,61]，提高消费者的满意度和对商家的信任[59]。拟人化沟通之所以能够产生巨大的影响，原因在于拟人化的沟通方式能够刺激消费者形成鲜活的商家形象，以此促进积极的口碑传播[61]。但是，拟人化沟通在获得部分消费者青睐的同时，也引来了一些负面的言论。他们认为，拟人化商家的产品形象、语言等特征尚有不妥之处，拟人化沟通的影响作用亟待进一步探讨[62]。Noble 等认为消费者依赖于产品带来的精神需求时，更多关注于产品的主观印象和沟通方式，看重情感结果而不是认知过程；而当消费者更关注产品质量和服务水平时，消费者便会更多地关注客观产品信息和产品功能，同时倾向于选择较为简化的沟通方式[63]。因此，在本书的情境下，对于餐饮类的体验型产品来说，消费者更多的是满足自身的生理需求，更多地关注餐饮产品的品质和质量，因此更适用于采用专业化简洁的沟通方式。基于以上讨论，提出假设：

$H_{3.3}$：回复口吻对产品归因与潜在消费者购买意愿之间的关系具有负向调节作用，并且采用专业化口吻时的影响效果比采用拟人化口吻时的影响效果更大。

3）回复匹配度

商家回复匹配度是指商家解释回复的内容与负面评论中评论者提出的问题之间的匹配程度。即商家在进行解释回应时是否针对评论者提到的问题进行针对性的解释和回复，是否承诺会在后续经营的过程中进行改正。商家回复按照回复匹配度的高低可以分为高匹配度回复和低匹配度回复。高匹配度回复，即商家对负面评论涉及的问题进行针对性的回复，对负面评论中提到的产品问题进行解释归因，并给出相应的承诺和改进措施。低匹配度回复，即为了节省时间和人力资源，商家忽视负面评论的内容和提出的问题，采用统一的回复模板，用敷衍的方式进行无差异回复。两种截然不同的回复策略会让潜在消费者感知到商家不同的服务补救态度。在消费者阅读负面评论后产生消极情绪时，无论是客观上还是心理上都期待商家能够积极应对，采取措施做出改正，给出解决方案。已有学者认为针对性的回复更容易削弱消费者的负面情绪，敷衍型的回复容易使消费者产生逆反心理[9]。因此，做出推断，在潜在消费者阅读负面评论形成消极情绪时，高匹配度回复能够缓解消费者的负面情绪，适时地削弱了产品归因降低购买意愿的过程；低匹配度回复容易使消费者感知到商家的敷衍行为，消费者的期望得不到满足，甚至会激发潜在消费者的逆反心理，以致产生更加恶劣的影响。因此，相较于低匹配度的回复方式来说，采用高匹配度回复的方式更能削弱负面评论降低购买意愿的过程。基于以上讨论，提出假设：

$H_{3.4}$：回复匹配度对产品归因与潜在消费者购买意愿之间的关系具有负向调节作用，并且采用高匹配度回复时的影响效果比采用低匹配度回复时的影响效果更大。

3.4 研究设计

3.4.1 实验设计

通过采用组间情景模拟实验的方式检验上述假设，从百度外卖 APP 上截取真实的负面评论和商家回复的图片信息作为实验情景，据此设计问卷情景信息。采用 2（回复间隔时间：长 vs 短）×2（回复口吻：专业化 vs 拟人化）×2（回复匹配度：高 vs 低）的组间实验设计方法，设计 8 种实验条件，再加上一个“不进行商家回复”的基本组实验，共计 9 组实验情景，如表 3.1 所示。被试者将会被随机分配到 9 组实验情景中的一种情景，并跟随引导信息逐步回答问题。每种实验条件至少保证 30 名被试，并且保证被调查者只能参与一组实验。无回复的基本组实验主要是用来和不同回复策略的实验组的数据作对比分析。将被试者随机分配到任意一种实验情景，并保证 9 组情景下的被试者数量基本保持均等。学生和青年群体是互联网购物的主力群体[2]，因此选取高校学生群体作为实验对象具有代表性。正式实验邀请大连某高校 299 名被试者参与，参与者被随机分配到 9 组情景中，随后完成相对应的问卷填写。

表3.1　实验情景汇总

组别	回复间隔时间	回复口吻	回复匹配度	样本量（N）
1 组	长	拟人化	高	30
2 组	长	拟人化	低	30
3 组	长	专业化	高	33
4 组	长	专业化	低	30
5 组	短	拟人化	高	41
6 组	短	拟人化	低	35
7 组	短	专业化	高	31
8 组	短	专业化	低	30
9 组		无回复		39

1）实验情景及被试产品选择

产品分为搜索型产品和体验型产品[64]。搜索型产品是指在消费者购买并使用之前事先就能通过搜索的方式获得产品详细外形、功能等主要特征信息，就对产品的属性有了较高程度了解的产品。以数码相机、耳机、手表为例，在网络上通过搜索这些产品的详细信息就能判别产品的质量，这些产品就属于搜索型产品。而体验型产品是指通过搜索的方式在购买和体验之前都不能获知产品质量的产品，以 O2O 餐饮美食、电影为例，这类产品的质量和功能等详细信息需要在消费者亲自购买和使用之后才能感受到。已有学者认为，搜索型产品的详细信息能够在网上便捷地获取，消费者感知风险小于体验型产品，因此无须在购买决策过程中依赖其他消费者的口碑信息。而对于体验型产品来说，消费者的感知风险较大，在做出购买决定之前会更加重视已交易消费者的在线评论信息。因此，本书选择 O2O 餐饮类产品这种典型的体验型产品作为研究情景，更能充分地发挥出在线评论和商家回复的影响作用。

随着 O2O 电商平台的应用场景不断拓展，作为较早接触网络渠道营销的传统服务行业，餐饮行业线上交易线下消费的商业模式已经成为 O2O 最典型的应用场景。研究表明，对于体验型产品来说，消费者更倾向于依靠体验型产品的评论来辅助自己的购买决策[10]。餐饮类产品属于典型的体验型产品，综合考虑后选择餐饮类产品作为研究对象。

2）实验情景操控

为了最大化地还原真实的评论环境，使用从百度外卖真实评论环境中截取的负面评论和商家回复的图片信息作为模拟实验的情景。情景模拟实验对评论信息图片进行了必要处理，模糊化非本书考虑的因素，只保留本书所要展现的内容，目的在于消除用户评论系统中店铺综合评分、评论标签分类、用户等级等干扰性因素对被试者的影响，同时保护消费者隐私信息。通过对负面评论和商家回复的发布时间进行设定，将回复间隔时间分为：长（30 天）和短（当天）两个水平。参考 Zhao 和 Xie 在研究心理距离时所用的研究方法[65]，本书选择当天和一个月（30 天）对时间间隔的两个水平进行操控。通过对被试者的称谓以及规范化的热线咨询的设定，将回复口吻分为：专业化口吻和拟人化口吻两个水平。通过对负面评论中提到的“小龙虾不是很新鲜，虾肉前半部分偏黑”等问题进行回复“虾鳃偏暗是配料导致的，我们一直坚持用白鳃活虾炒制而成”，将回复匹配度分为：高和低两个水平。由于实验组较多，在此仅以第 7 个实验组，即回复间隔时间短、专业化口吻、高匹配度的实验组为例进行情景展示分析，该实验组实验情景信息设置如图 3.2 所示。其他 8 组实验情景均按照此机制进行相应的设定。

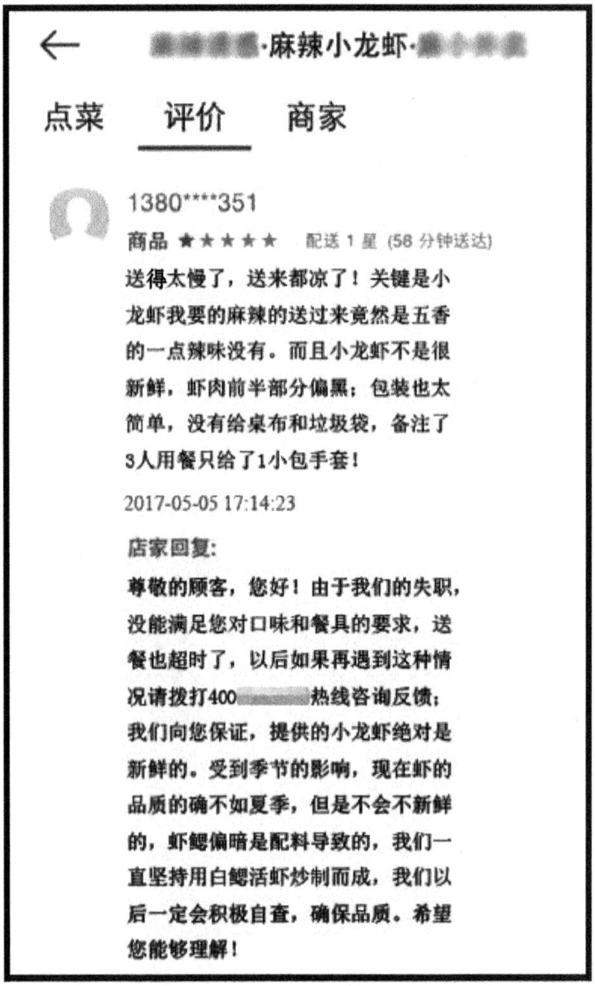

图 3.2　情景设计示例

3.4.2　测量量表与问卷设计

为了验证本书理论框架中所做出的假设，本书借助情景模拟实验辅助调查问卷[44]进行数据收集。为了保证问卷的信度和效度，选取学者们在过往研究中所采用的量表，并且结合本书的研究对象和研究目的进行适当的修缮，如表 3.2 所示。为了遵循 Churchill 所提出的关于科学量表选项的设计原则[66]，本书的问卷中涉及的潜变量都满足至少有两个或者两个以上的问题来表述和测量一个特定的选项概念的原则。研究模型中有两个变量需要通过问卷的方式进行测量，即潜在消费者购买意愿和产品归因，分别用三个题目来测量。

表3.2　测量量表

变量	量表	来源
产品归因	PA1 这条负面评论准确反映了产品、服务真实的综合质量 PA2 这个产品、服务的综合质量很大程度上导致了评论者发布了负面评论 PA3 发布负面评论的人是为了告知其他消费者这个产品、服务的真实体验和综合水平	王长征等[67]
潜在消费者购买意愿	PI1 我倾向于购买这个产品、服务 PI2 我会购买这个产品、服务的可能性很大 PI3 我觉得这个产品、服务挺好的	Sen 和 Lerman[45]

研究涉及的变量主要包括：产品归因、潜在消费者购买意愿、回复间隔时间、回复匹配度和回复口吻。其中，需要进行测量的变量包括：产品归因和潜在消费者购买意愿，分别参考王长征等[67]、Sen 和 Lerman[45]的量表，变量的测量均采用利克特 7 级量表。归因变量是本书的自变量，采用利克特 7 级量表进行测量，1~7 分别代表从“完全不同意”到“完全同意”的态度变化。潜在消费者购买意愿是本书的因变量，用户阅读相关负面评论和商家回复信息之后对因变量进行利克特 7 级量表评价，1 代表完全没有购买意愿，7 代表有强烈的购买意愿。通过设置情景来操控的变量包括：回复间隔时间、回复匹配度和回复口吻，在数据收集完毕后，会对不同组别的数据进行赋值。

在量表初步设计完成之后，首先需要对量表的内容效度进行评价。邀请了三位电子商务营销领域的专家主要从量表内容的逻辑一致性、问卷测度项的可读性、是否能够有效解决研究问题三个方面对初步编制的问卷测度项进行评估。在此之后，根据专家反馈的建议，对量表测度项的顺序和表述方式进行了微小调整和改正。此外，初步在具有电子商务购物经验的在校大学生群体中进行了预调研，并收集了参与者的反馈信息，在此基础上再一次对问卷的测度项进行了调整和规范。

3.4.3　实验流程与数据收集

正式实验时，需要将参与者随机分配到 9 组实验情景之一中，跟随引导信息逐步回答问题。每种实验条件至少保证 30 名被试，并且保证每个实验对象只能进行其中一组实验。首先，每个实验组的被试者会阅读到不同情景设置条件下的产品信息、负面评论信息和商家解释回复信息；其次，在阅读上述情景信息之后回答问卷中与产品归因、购买意愿和被试者个人信息相关的题项。对于实验研究，在信度、效度检验完毕后还需要进行实验操控检验来检验实验控制是否成功。为了保证所有参加实验的被试者都仔细阅读了实验情景材料且保证被试者能够准确感知情景设置，确保实验操控的准确性，特意设置了检验被试者是否正确感知情景的题项，帮助判断被试者是否正确感知实验情景的设置，对实验操控的有效性进行检验，筛选出无效的实验数据。被试被要求回答以下三个问题："您认为商家对上述差评所进行的回复，是否及时？""您认为商家对上述差评进行回复时所用的语气和口吻，是较为专业化模式化呢还是较为拟人化亲昵化呢？""上述差评中提到的问题，如产品不是很新鲜、送得太慢等问题，商家是否进行了针对性的解释？"。针对以上三个问题，如果被试的回答和情景设置的内容不匹配，则视为无效数据。本书共收集到 299 份问卷，去除无效数据后共保留 260 条有效数据，数据有效率为 87%。

描述统计分析初步分析了样本的基本情况，包括性别、年龄、受教育程度以及月消费支出等被试者的基本信息，通过分析被试者以上各变量的频数、百分比等来了解样本的基本分布特征。在 260 份有效问卷中，男性为 100 名，女性为 160 名；78.1%的被试者年龄集中在 18~25 岁；教育程度为本科生和硕博研究生的占比为 95.0%；84.2%的被试者月消费支出在 3000 元以内；被试者的网龄在 4 年以上的占比 94.6%；网络购物年限为 4~6 年的占 47.7%；接触 O2O 餐饮年限在 1~2 年的占 25.0%，在 2~3 年的占 36.9%，在 3~4 年的占 21.5%。

3.5　数据处理与结果

3.5.1　测量模型分析

1）信度检验

信度指问卷的内部一致性和可靠性，信度越高，侧面反映了被调查者对反应某一变量的一组测量题项的回答具有较高的一致性，因此量表所得的结果可靠程度越高越可信。学者大多采用 Cronbach's α 系数和组合信度这两个最为常用的信度检验指标对量表的信度进行检验，当 Cronbach's α 系数和 CR 的数值超过 0.7 时，问卷具备良好的信度。

产品归因与潜在消费者购买意愿的信度分析结果如表 3.3 所示，模型中所有变量的 CR 都大于 0.7 的可接受水平，Cronbach's α 值均超过 0.8，表明测量量表有很好的内部一致性，即量表的信度较高。

表3.3 信度分析

变量名称	题项数量	组合信度	内部一致性系数
产品归因	3	0.915	0.859
潜在消费者购买意愿	3	0.875	0.826

2）效度检验

区分效度代表不同结构或潜变量之间的区别程度，变量之间的区别越大，表示具有越高的区分效度；区分效度的评判通常通过以下两个标准来衡量：第一，某测量题项与其他测量题项之间的交叉系数要小于各测量题项的因子载荷数值。第二，各个测量题项的 AVE 的平方根大于该测量题项与其他测量题项之间的相关系数。如果符合条件，则表明区分效度较高。

收敛效度是指，问卷中某一变量的测量题项能够反应该变量的程度大小。测量题项之间具有较高的相关程度，则表明具有较高的收敛效度。各个变量的 AVE 的值和每个测量题项的因子载荷的值通常被用来衡量潜变量的收敛效度，AVE 大于 0.5 时，说明变量的收敛效度较好。对于理论研究模型中的潜变量来说，如果某个变量与模型中其他变量之间所有的相关系数全部小于这一变量的平均萃取方差平方根的值，则这些变量具有较高程度的区分效度[68]。

SPSS 的分析结果显示，KMO 统计值为 0.748，大于 0.5 的标准值，Bartlett's 球型检验的 p 值小于 0.001，公因子方差累积解释变异率为 85.5%，以上指标均达到可接受水平。从表 3.4 可以看出，模型中所有的变量均满足上述条件，各变量的平均方差提取变异量 AVE 值均大于 0.5，量表具有较好的收敛效度。

表3.4 各潜变量的KMO和AVE值

变量	题项数量	KMO	AVE
产品归因	3	0.889	0.782
潜在消费者购买意愿	3	0.765	0.641

如表 3.5 所示，产品归因和潜在消费者购买意愿这两个变量的平均方差抽取量的平方根大于二者的相关系数，表明产品归因与潜在消费者购买意愿这两个变

量之间具有很好的区分效度。表 3.6 展示了各个变量的负荷系数以及交叉系数，结果显示量表中测量题项的设计较为合理。

表3.5 各潜变量AVE平方根与相关系数矩阵

变量	PA	PI
PA（产品归因）	**0.954**	
PI（潜在消费者购买意愿）	0.236	**0.709**

注：黑体数字为 AVE 的平方根值

表3.6 潜变量负荷系数与交叉系数

变量	PI	PA
PI1	**0.960**	0.225
PI2	**0.965**	0.255
PI3	**0.935**	0.183
PA1	0.235	**0.948**
PA2	0.118	**0.738**
PA3	0.024	**0.556**

注：黑体数字为 AVE 的平方根值

3.5.2 结构模型分析

1）主效应分析

使用 SPSS 软件和线性回归模型对 $H_{3.1}$ 进行检验。产品归因与潜在消费者购买意愿的主效应回归分析结果如表 3.7 所示。数据显示，产品归因与潜在消费者购买意愿之间的回归系数为−0.419，显著性（Sig.）为 0.024，在 $p<0.05$ 的水平下显著。因此，$H_{3.1}$ 得到支持，$H_{3.1}$ 成立，产品归因显著降低潜在消费者购买意愿。

表3.7 主路径回归分析结果

模型		非标准化系数		标准系数	t	Sig.
		B	Std. Error	Beta		
1	（常量）	-4.245×10^{-17}	0.175		0.000	1.000
	产品归因	−0.419	0.175	−0.419	−2.399	0.024

因变量：潜在消费者购买意愿

2）调节效应检验

当自变量是连续型变量而调节变量是类别型变量时，在检验调节效应时需要采用分组回归分析的方法[69]。如果回归系数在统计学意义上具有显著性差异，那么调节效应即显著。如果不同组别的回归系数一个不显著，一个显著，此时调节效应表现为质的差异，可直接进行比较判断。如果不同组别回归系数均显著，但作用方向不同，此时调节效应也表现为质的差异，也可直接比较判断。如果不同组别回归系数均显著，且作用方向相同，则需进一步利用不同组别的回归系数进行计算，判断它们之间是否有显著性差异[69]；如果回归系数之间在统计学上差异显著，此时调节效应表现为量的差异；如果回归系数之间在统计学上无显著性差异，此时调节效应不存在。根据以上判断标准，依次对 $H_{3.2}$、$H_{3.3}$ 和 $H_{3.4}$ 进行检验。

首先，按照回复间隔时间进行分组回归分析，结果如表 3.8 所示。

表3.8　按回复间隔时间分组回归

回复间隔时间	模型	非标准化系数		标准系数	t	Sig.
		B	Std. Error	Beta		
1：短	（常量）	0.127	0.088		1.433	0.154
	产品归因	0.246	0.090	**0.229**	2.739	**0.007**
2：长	（常量）	−0.141	0.081		−1.748	0.083
	产品归因	0.237	0.079	**0.262**	2.986	**0.003**
因变量：潜在消费者购买意愿						

注：黑体数字为 AVE 的平方根值

表 3.8 结果显示，回复间隔时间短和回复间隔时间长这两组样本的主路径效应均显著，且影响方向相同。因此，需要进一步计算两组样本回归系数之间的差异显著性，计算公式如下：

$$T=\frac{\text{Path}_{\text{Sample\_1}}-\text{Path}_{\text{Sample\_2}}}{\left(\sqrt{\frac{(m-1)^2}{(m+n-2)^2}\text{SE}^2_{\text{Sample\_1}}+\frac{(n-1)^2}{(m+n-2)^2}\text{SE}^2_{\text{Sample\_2}}}\right)\sqrt{\frac{1}{m}+\frac{1}{n}}}$$

其中，$\text{Path}_{\text{Sample\_1}}$、$\text{Path}_{\text{Sample\_2}}$ 分别为按照调节变量的两个水平分类后的两个样本组：组别 1 和组别 2 的回归系数；$\text{SE}_{\text{Sample\_1}}$ 为组别 1 的标准误的值，$\text{SE}_{\text{Sample\_2}}$ 为组别 2 的标准误的值；m 为组别 1 的样本量，n 为组别 2 的样本量。按照回复间隔时间进行分组回归分析后两组样本所得路径系数分别为 $\text{Path}_{\text{Sample\_1}}=0.229$，$\text{Path}_{\text{Sample\_2}}=0.262$；独立样本 T 检验后标准误数值为 $\text{SE}_{\text{Sample\_1}}=0.085$，$\text{SE}_{\text{Sample\_2}}=0.092$。将路径系数和标准误的值代入上述公式进行计算，最终得出 T 值=−0.747。T 值的绝对值为 0.747，尚未达到 $p<0.05$ 的阈值，即两组样本的路径系数差异不显著。因此，路径系数差异不显著，调节效应不成立，$H_{3.2}$ 不成立。即回复间隔时间短时的影响效果和回复间隔时间较长时的影响效果无显著的差异。

其次，按照回复口吻进行分组回归分析，结果如表 3.9 所示。表 3.9 结果显示，专业化口吻样本组的主路径效应显著，拟人化口吻样本组的主路径效应不显著，此时调节效应表现为质的差异，两组样本的路径系数分别为 0.336 和 0.131，路径系数在统计学意义上具有显著的差异，所以调节效应存在。因此，$H_{3.3}$ 成立，回复口吻对产品归因与潜在消费者购买意愿之间的关系具有调节作用，并且采用专业化口吻时的影响效果比采用拟人化口吻时的影响效果更大。

表3.9　按回复口吻分组回归

回复口吻	模型	非标准化系数		标准系数	*t*	Sig.
		B	Std. Error	Beta		
1：专业化	（常量）	0.047	0.090		−0.520	0.604
	产品归因	0.341	0.087	0.336	3.945	0.000
2：拟人化	（常量）	0.032	0.081		0.398	0.691
	产品归因	0.129	0.084	0.131	1.525	0.130
因变量：潜在消费者购买意愿						

最后，按照回复匹配度进行分组回归分析，结果如表 3.10 所示。表 3.10 结果显示，低匹配度样本组的主路径效应不显著，高匹配度样本组的主路径效应显著，此时调节效应表现为质的差异，两组样本的路径系数分别为 0.051 和 0.324，路径系数在统计学意义上具有显著的差异，所以调节效应存在。因此，$H_{3.4}$ 成立，回复匹配度对产品归因与潜在消费者购买意愿之间的关系具有调节作用，并且回复匹配度高时的影响效果比回复匹配度低时的影响效果更大。

表3.10　按回复匹配度分组回归

回复匹配度	模型	非标准化系数		标准系数	*t*	Sig.
		B	Std. Error	Beta		
1：低	（常量）	−0.454	0.068		−6.698	0.000
	产品归因	0.038	0.068	0.051	0.567	0.572
2：高	（常量）	0.390	0.084		4.644	0.000
	产品归因	0.331	0.084	0.324	3.943	0.000
因变量：潜在消费者购买意愿						

借鉴 Aiken 和 West 的方法[70]，为了进一步检验调节效应结果与研究假设的一致性，本书绘制了调节变量分别取高、低（均值加减标准差）两个水平时，回复间隔时间、回复口吻及回复匹配度的调节效应示意图，见图 3.3、图 3.4 和图 3.5。从图 3.3 的曲线走势可以看出，两组样本接近平行，回复间隔时间在产品归因影响潜在消费者购买意愿的过程中的影响效果无显著性的差异，即回复间隔时间的调节效应不成立，$H_{3.2}$ 不成立。从图 3.4 的曲线走势可以看出，专业化口吻的影响效果比拟人化口吻的影响效果更大，回复口吻在产品归因影响潜在消费者购买意愿的过程中的影响效果具有显著性的差异，即回复口吻的调节效应成立，$H_{3.3}$ 成立。

从图 3.5 的曲线走势可以看出，采用高匹配度回复时的影响效果比采用低匹配度回复时的影响效果更大，回复匹配度在产品归因影响潜在消费者购买意愿的过程中的影响效果具有显著性的差异，即回复匹配度的调节效应成立，$H_{3.4}$ 成立。通过该方法的检验，表明“回复口吻”和“回复匹配度”的调节作用都是显著的，$H_{3.3}$ 和 $H_{3.4}$ 进一步得到证实。

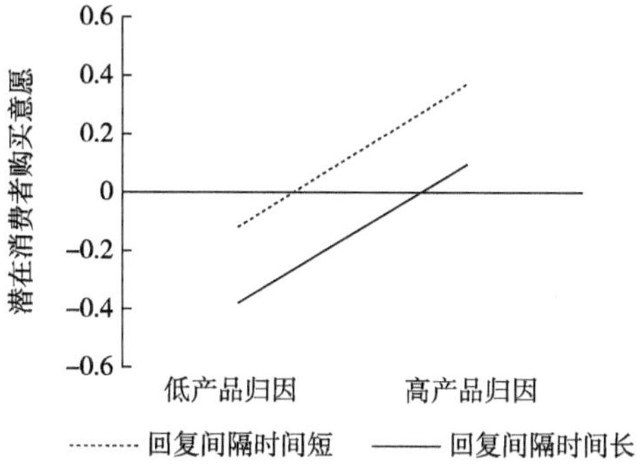

图 3.3　回复间隔时间的调节效应

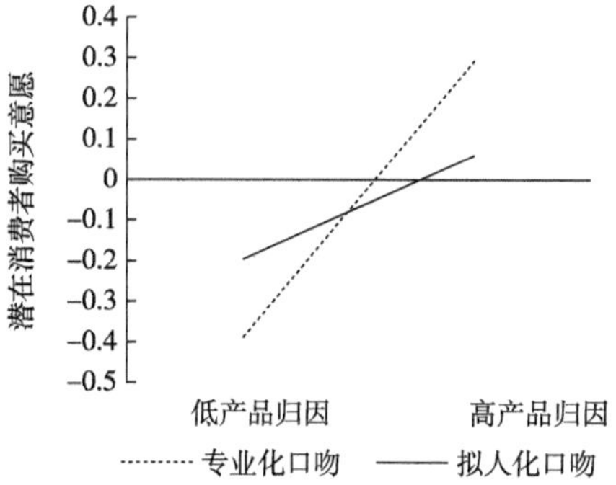

图 3.4　回复口吻的调节效应

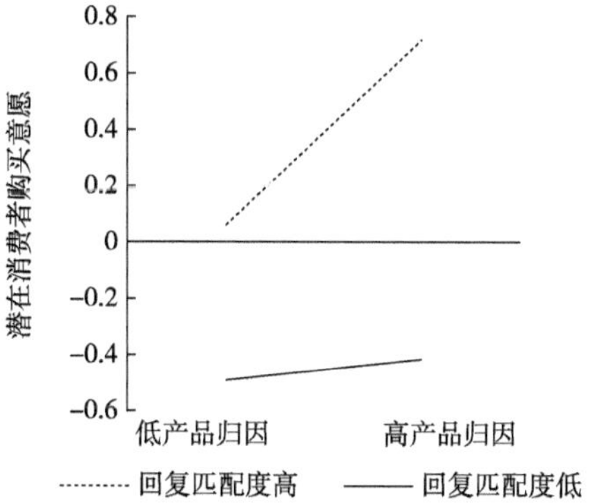

图 3.5　回复匹配度的调节效应

3.5.3 结果分析与讨论

本书探讨了产品归因对潜在消费者购买意愿的影响机制，并在此基础上研究了商家回复间隔时间、口吻和匹配度这三个特征在主路径作用过程中起到的调节作用。根据以上实验数据分析过程得出以下结果，本书假设验证结论汇总如表 3.11 所示。

表3.11 假设验证结论汇总

	假设	结论
$H_{3.1}$	产品归因与潜在消费者购买意愿显著负相关	支持
$H_{3.2}$	回复间隔时间对产品归因与潜在消费者购买意愿之间的关系具有负向调节作用，并且回复间隔时间短时的影响效果比回复间隔时间长时的影响效果更大	不支持
$H_{3.3}$	回复口吻对产品归因与潜在消费者购买意愿之间的关系具有负向调节作用，并且采用专业化口吻时的影响效果比采用拟人化口吻时的影响效果更大	支持
$H_{3.4}$	回复匹配度对产品归因与潜在消费者购买意愿之间的关系具有负向调节作用，并且采用高匹配度回复时的影响效果比采用低匹配度回复时的影响效果更大	支持

本书的研究结果证明，潜在消费者在阅读负面评论之后形成产品归因时会显著降低购买意愿。潜在消费者在对产品进行评估时，不仅会考虑产品的质量和性能，还会考虑很多外在的因素，如产品物流速度、产品售后服务水平、产品购买支付便捷性等。在整个电子商务闭环的链条上，越来越多的外部因素会导致潜在消费者形成产品归因。潜在消费者认为负面评论是基于客观事实和真实的产品购买经历等外部因素而给出的，认为负面评论的感知有用性高，导致其对产品的体验、物流和售后等服务产生怀疑，进而打消了人们想要消费的欲望。

商家回复的间隔时间对主路径的调节效应不显著，即无论回复间隔时间的长短如何，二者的影响效果在产品归因影响购买意愿过程中并无显著性的差异。Tripp 和 Gregoire 的研究发现消费者在四周内收到一个满意的解决方案会降低他们反击的欲望，四周之后采取的解决方案不起作用，证明了商家弥补服务失败时效的重要性[57]。Min 等发现无论商家是在 24 小时内回复、两周内回复还是一个月后回复，对已购消费者满意度的影响没有任何差异[34]，该结论否定了回复时效性的影响。与 Tripp 和 Gregoire 的研究结论不同，本书的研究结论证明商家回复的间隔时间并未起到显著性的作用。这三个研究的区别在于 Tripp 和 Gregoire 及 Min 等的研究对象是利益已经受到损害的消费者[34,57]，而本书的研究对象是潜在消费者。因此，基于以上研究结论进行推断，对于潜在消费者来说，当其看到商家回复时，距离回复的时间已经有了一定距离，因此潜在消费者很可能会忽视商家回复的间隔时间。商家在短时间内就进行了回复对已购消费者而言很重要，但是对于潜在消费者而言重要性较弱。相较于回复及时性，潜在消费者更重视商家回复的内容和质量。

商家回复的口吻、商家回复的匹配度对主路径起到调节作用，并且采用专业化口吻（相对于拟人化口吻）、高匹配度（相对于低匹配度）的商家回复更有助于削弱产品归因对潜在消费者购买意愿的消极影响，提升消费者购买意愿。Noble 等的研究也认为，当消费者重视商品质量和性价比时，会倾向于关注客观特征，同时会简化沟通方式[63]。在商家回复的情境下，对于餐饮类的体验型产品来说，消费者更多的是满足自身的生理需求，更多地关注餐饮产品的品质和质量，因此更适用于采用专业化简洁的沟通方式。专业化口吻以及高匹配度的回复更加简洁凝练，突出重点，有事说事，更能让潜在消费者以最快的速度抓住自己所需的信息要点，最大化的消除潜在消费者的感知风险，进而削弱负面口碑的消极影响。从商家回复组合策略的角度来看，采用专业化的回复口吻和高匹配度的回复能够最大化地削弱负面评论对顾客购买行为造成的消极影响，提升消费者购买意愿。

3.6　研究贡献与管理启示

3.6.1　理论贡献

首先，已有关于商家回复的研究大多局限于对商家回复的属性和方式的探讨，且大多局限于线下服务补救情景，本书则是基于归因理论，在探讨了负面评论影响潜在消费者购买意愿机理的基础上，针对线上商家回复质量的特征，如回复间隔时间、回复口吻和回复匹配度进行了探讨，揭示了回复间隔时间、口吻和匹配度等回复机制的有效性，并找出了最佳的商家回复组合策略。

其次，已有的关于商家回复的研究大都选取已交易消费者作为研究对象，仅考虑到了弥补已购消费者的消极情绪，却忽视了对于作为旁观者的潜在消费者的影响。鲜有学者从潜在消费者的角度分析回复及时性等回复特征对购买意愿的影响机制，站在潜在消费者的角度正是本书切入点的独特之处，给商家回复的研究提供了新视角。

再次，关于拟人化沟通的研究尚处于起步阶段，相关理论研究较少，本书将拟人化沟通理论应用到商家回复口吻情境下，扩展了拟人化沟通的适用边界，给商家回复的研究提供了证据支撑。

最后，本书中对于形成产品归因的外部因素的界定不仅仅局限于产品质量因素，还将其扩展到了产品体验、产品物流服务水平、产品售后服务水平等电子商务闭环上的任一环节，拓展了产品归因的内涵。

3.6.2 管理启示

研究结论对于电商平台上入驻的网络零售商决策具有一定程度的实践指导意义。在社会化商务日新月异的当下，管理好负面评论信息能够为电子商务商家减少不必要的信誉损失，营造良好的商家形象。为了提高电商平台商家的销量及信誉水平，本书建议商铺运营人员重视负面口碑信息在潜在消费者购买行为过程中起到的重要作用。

首先，商家应该系统化地培训在线客服，提高客服人员的道德素养，避免采用统一的模板回复，用专业化、差异化、针对性的回复以提升回复的专业性和有效性。

其次，商家应该重视差评，努力缓解负评者的负面情绪，采用专业化、规范化的方式进行回复，对消费者在负面评论中提及的问题进行针对性的回复，给出合理的解释和相应的解决办法，用专业化的口吻和高匹配度的回复方式进行高质量的回复。采用恰当的回复策略，有利于商家在留存现有消费者的基础上吸引潜在的消费者，降低负面口碑在评论系统中持续“发酵”的消极影响，营造积极的商家形象，有利于商家进行有效的信誉管理。

最后，可以帮助商家逐步探索有效的信誉管理办法，既能够挽救即将失去的消费者，也能在潜在消费者心中建立良好的形象，传递自身杰出的顾客关系管理能力。

3.6.3 不足与未来研究

首先，潜在消费者在阅读负面评论之后会形成两种类型的归因：产品归因和主观归因。目前的实验只研究了产品归因对潜在消费者购买意愿的影响，尚未对其他类型的归因，如主观归因进行探讨。未来的研究可以探讨，当潜在消费者在阅读了负面评论之后归因于评论者个人偏好等主观因素时如何影响消费者购买意愿，并进一步探讨商家回复在这个过程中发挥的调节作用。

其次，本书尚未讨论商家回复特征的影响作用是否会随着产品类型的改变而变化。本书以百度外卖等餐饮类平台为例对体验型产品进行了研究，未来研究可以将产品类型作为切入点，考察回复间隔时间、回复口吻和回复匹配度等回复特征的影响在不同产品类型上的变化，进一步研究回复间隔时间、回复口吻和回复匹配度等回复特征产生影响效应的边界条件。

最后，本书从商家回复质量的角度延伸出回复间隔时间、回复口吻以及回复匹配度三个回复特征。未来研究可以考虑对商家回复的特征和关键要素进行系统的梳理和总结，进一步探究商家回复的哪些特征和要素对商家回复有效性的影响最大。

3.7 小　结

作为网络口碑的典型表现形式，网络购物系统中的负面在线评论受到消费者的极大关注。在电商平台上，如何降低负面评论对潜在消费者购买意愿的消极效应，是商家亟待思考的现实问题。本书从归因理论的视角，构建了商家回复影响潜在消费者购买意愿的研究模型。研究结果为负面评论和商家回复的相关研究提供新视角，拓宽了归因理论的应用场景，扩展了拟人化沟通的适用边界，拓展了产品归因的内涵。研究结论对商家决策还具有指导意义，为电商平台上的商家管理负面评论提供决策建议。有利于商家在留存现有消费者的基础上吸引潜在的消费者，营造积极的商家形象，传递自身良好的顾客关系管理能力。

参考文献

[1] 中国互联网络信息中心. 2015 年中国网络购物市场研究报告[EB/OL]. http://www.cnnic.net.cn/hlwfzyj/hlwxzbg/dzswbg/201606/P020160721526975632273.pdf，2016-06-22.

[2] 中国互联网数据中心（DCCI）. 当电子商务遇上社会化媒体[EB/OL]. http://www.docin.com/p-1076852167.html，2011-06-20.

[3] Chen Y，Xie J. Online consumer review：word-of-mouth as a new element of marketing communication mix[J]. Management Science，2008，54（3）:477-491.

[4] 殷国鹏. 消费者认为怎样的在线评论更有用？社会性因素的影响效应[J].管理世界，2012，（12）：115-124.

[5] Lee E J，Shin S Y. When do consumers buy online product reviews? Effects of review quality，product type，and reviewer's photo[J]. Computers in Human Behavior，2014，31：356-366.

[6] Thorsten H，Gwinner K P，Walsh G，et al. Electronic word-of-mouth via consumer-opinion platforms：what motivates consumers to articulate themselves on the internet?[J]. Journal of Interactive Marketing，2004，18（1）：38-52.

[7] Chevalier J A，Mayzlin D. The effect of word of mouth on sales：online book reviews[J]. Journal of Marketing Research，2006，43（3）：345-354.

[8] Mudambi S M，Schuff D. What makes a helpful online review? A study of customer reviews on amazon.com[J]. MIS Quarterly，2010，34（1）：185-200.

[9] Sparks B A, So K K F, Bradley G L. Responding to negative online reviews: the effects of hotel responses on customer inferences of trust and concern[J]. Tourism Management，2016，53（7）：74-85.

[10] Huang P, Lurie N H, Mitra S. Searching for experience on the web: an empirical examination of consumer behavior for search and experience goods[J]. Journal of Marketing，2009，73（2）：55-69.

[11] Chatterjee P. Online reviews：do consumers use them[J]. Advances in Consumer Research，2001，28（1）：129-133.

[12] Parka D，Kim S. The effects of consumer knowledge on message processing of electronic word-of-month via online consumer reviews[J]. Electronic Commerce Research and Applications，2008，7（4）：399-410.

[13] Bickart B，Schindler R M. Internet forums as influential sources of consumer information[J]. Journal of Interactive Marketing，2001，15（3）：31-40.

[14] Rchins M. Negative word-of-mouth by dissatisfied consumers：a pilot study[J]. Journal of Marketing，1983，47：68-78.

[15] Engel J F，Kegerreis R J，Blackwell R D. Word-of mouth communication by the innovator[J]. The Journal of Marketing，1969，33（3）：15-19.

[16] Maheswaran D，Meyers-Levy J. The influence of message framing and issue involvement[J]. Journal of Marketing Research，1990，27（3）：361-367.

[17] 李宏. 负面在线评论及其补救措施对顾客购买意愿的影响[D]. 东华大学博士学位论文，2012.

[18] 张中科，王春和. 负面口碑信息对消费者品牌转换的影响研究[J]. 市场营销导刊，2009，（2）：55-58.

[19] 郑有为. 网络口碑类型对消费决策的影响机制研究[D]. 上海交通大学硕士学位论文，2011.

[20] 黎小林. 负面口碑对顾客购买意愿的影响[J]. 科技经济市场，2007，4：268.

[21] 张永建，史有春. 双面网络口碑信息对消费者品牌态度的影响分析[J]. 江苏科技信息，2011，（5）：26-27.

[22] 戢芳，周庭锐，尹训国. 负面网络口碑对消费者品牌态度变化的影响——信息易获得性与诊断力视角[J]. 财经论丛，2013，（5）：95-99.

[23] 卢向华，冯越. 网络口碑的价值——基于在线餐馆点评的实证研究[J]. 管理世界，2009，（7）：126-132.

[24] Tax S S，Brown S W. Recovering and learning from service failure[J]. MIT Sloan Management Review，1998，40（1）：75.

[25] Bell C R，Zenke R. The performing art of service management[J]. Management Review，1990，79（7）：42-45.

[26] Holloway B B，Beatty S E. Service failure in online retailing：a recovery opportunity[J]. Journal of Service Research，2003，6（1）：92-105.

[27] 李宏，喻葵，夏景波. 负面在线评论对顾客购买意愿的影响：一个实验研究[J]. 情报杂志，2011，30（5）：202-207.

[28] 杜建刚，范秀成. 服务失败中群体消费者心理互动过程研究[J]. 管理科学学报，2011，14（12）：60-70.

[29] Keaveney S M. Customer switching behavior in service industries：an exploratory study[J]. Journal of Marketing，1995，59（2）：71-82.

[30] Richins M L. Negative word-of-mouth by dissatisfied consumers：a pilot study[J]. The Journal of Marketing，1983，47（1）：68-78.

[31] Lee C H，Cranage D A. Toward understanding consumer processing of negative online word-of-mouth communication：the roles of opinion consensus and organizational response strategies[J]. Journal of Hospitality & Tourism Research，2014，38（3）：330-360.

[32] van Laer T，de Ruyter K. In stories we trust：how narrative apologies provide cover for competitive vulnerability after integrity-violating blog posts[J]. International Journal of Research in Marketing，2010，27（2）：164-174.

[33] Istanbulluoglu D. Complaint handling on social media：the impact of multiple response times on consumer satisfaction[J]. Computers in Human Behavior，2017，74：72-82.

[34] Min H，Lim Y，Magnini V P. Factors affecting customer satisfaction in responses to negative online hotel reviews：the impact of empathy，paraphrasing，and speed[J]. Cornell Hospitality Quarterly，2015，56（2）：223-231.

[35] Wei W，Miao L，Huang Z J. Customer engagement behaviors and hotel responses[J]. International Journal of Hospitality Management，2013，33：316-330.

[36] van Noort G，Willemsen L M. Online damage control：the effects of proactive versus reactive webcare interventions in consumer-generated and brand-generated platforms[J]. Journal of Interactive Marketing，2012，26（3）：131-140.

[37] Xie K L，Zhang Z，Zhang Z. The business value of online consumer reviews and management response to hotel performance[J]. International Journal of Hospitality Management，2014，43：1-12.

[38] Li C，Cui G，Peng L. The signaling effect of management response in engaging customers：a study of the hotel industry[J]. Tourism Management，2017，62：42-53.

[39] Lee Y L，Song S. An empirical investigation of electronic word-of-mouth：informational motive and corporate response strategy[J]. Computers in Human Behavior，2010，26（5）：1073-1080.

[40] Gu B，Ye Q. First step in social media：measuring the influence of online management responses on customer satisfaction[J]. Production and Operations Management，2014，23（4）：570-582.

[41] Wang Y，Chaudhry A. When and how managers'responses to online reviews affect subsequent reviews[J]. Journal of Marketing Research，2018，55（2）：163-177.

[42] Heider F. The Psychology of Interpersonal Relations[M]. New York：Wiley，1958.

[43] Kelley H H，Michela J L. Attribution theory and research[J]. Annual Review of Psychology，1980，31（1）：457-501.

[44] 李琪，任小静. 矛盾性追加评论对感知有用性的影响效应研究[J]. 管理科学，2017，30（4）：139-150.

[45] Sen S，Lerman D. Why are you telling me this? An examination into negative consumer reviews

on the web[J]. Journal of Interactive Marketing，2007，21（4）：76-94.
[46] Laczniak R N, Decarlo T E, Motley C M. Retail equity perceptions and consumers' processing of negative word-of-mouth communication[J]. Journal of Marketing Theory and Practice，1996，4（4）：37-48.
[47] Laczniak R N，Decarlo T E，Ramaswami S N. Consumers' responses to negative word-of-mouth communication：an attribution theory perspective[J]. Journal of Consumer Psychology，2001，11（1）：57-73.
[48] Chen Z，Lurie N H. Temporal contiguity and negativity bias in the impact of online word-of-mouth[J]. Journal of Marketing Research，2013，50（4）：463-476.
[49] Einhorn H J，Hogarth R M. Judging probable cause[J]. Psychological Bulletin，1986，99（1）：3-19.
[50] Davidow M. Organizational responses to customer complaints：what works and what doesn't[J]. Journal of Service Research，2003，5（3）：225-250.
[51] 杨海龙，唐小飞，刘伯强. 服务补救时机选择的研究述评[J].管理世界，2013，(4)：184-185.
[52] Parasuraman A，Zeithaml V A，Berry L L. A conceptual model of service quality and its implications for future research[J]. The Journal of Marketing，1985，49（4）：41-50.
[53] Hart C W，Heskett J L，Sasser Jr W E. The profitable art of service recovery[J]. Harvard Business Review，1989，68（4）：148-156.
[54] Wirtz J，Mattil A S. Consumer responses to compensation，speed of recovery and apology after a service failure[J]. International Journal of Service Industry Management，2004，15(2)：150-166.
[55] Swanson S R，Kelley S W. Service recovery attributions and word-of-mouth intentions[J]. European Journal of Marketing，2001，35（1~2）：194-211.
[56] Davidow M. The bottom line impact of organizational responses to customer complaints[J]. Journal of Hospitality & Tourism Research，2000，24（4）：473-490.
[57] Tripp T M，Gregoire Y. When unhappy customers strike back on the internet[J]. Sloan Management Review，2011，52（3）：37-44.
[58] 黄桁. 负面在线评论回复方式对潜在消费者购买意愿的影响研究[D]. 华中农业大学硕士学位论文，2016.
[59] Kelleher T. Conversational voice，communicated commitment，and public relations outcomes in interactive online communication[J]. Journal of Communication，2009，59（1）：172-188.
[60] Kelleher T，Miller B M. Organizational blogs and the human voice：relational strategies and relational outcomes[J]. Journal of Computer-Mediated Communication，2006，11(2)：395-414.
[61] Weinberg B D，Pehlivanehl E. Social spending：managing the social media mix[J]. Business Horizons，2011，54（3）：275-282.
[62] Nowak M A，Plotkin J B，Jansen V A A. The evolution of syntactic communication[J]. Nature，2000，404（6777）：495-498.
[63] Noble S M，Griffith D A，Adjei M T. Drivers of local merchant loyalty：understanding the influence of gender and shopping motives[J]. Journal of Retailing，2006，82（3）：177-188.
[64] Nelson P. Information and consumer behavior[J]. Journal of Political Economy，1970，78（2）：

311-329.

[65] Zhao M，Xie J. Effects of social and temporal distance on consumers' responses to peer recommendations[J]. Journal of Marketing Research，2011，48（3）：486-496.

[66] Churchill Jr G A. A paradigm for developing better measures of marketing constructs[J]. Journal of Marketing Research，1979，16（1）：12-27.

[67] 王长征，何钐，王魁. 网络口碑中追加评论的有用性感知研究[J]. 管理科学，2015，28（3）：102-114.

[68] Fornell C，Larcker D F. Structural equation models with unobservable variables and measurement error：algebra and statistics[J]. Journal of Marketing Research，1981，18（3）：382-388.

[69] 温忠麟，侯杰泰，张雷. 调节效应与中介效应的比较和应用[J]. 心理学报，2005，37（2）：268-274.

[70] Aiken L S，West S G. Multiple Regression：Testing and Interpreting Interactions[M]. Hillsdale：Erlbaum，1991.

第4章　在线评论的激励机制设计

在线信誉系统为消费者购买决策提供重要的参考信息，因此激励消费者提供更多的真实的在线评论信息对信誉系统发挥作用非常重要。首先建立贝叶斯推理模型模拟C2C（customer to customer，消费者对消费者）环境下消费者感知商家信誉的过程。发现评论真实性和评论数目都会影响消费者对商家信誉的感知，并且二者之间可以相互替代。但是如果商家通过好评返现等方式获取更多评论，基于社会交换理论，潜在消费者可能对评论的真实性产生怀疑。相反，平台作为第三方来实施激励可以获取更加真实的评论信息。为了使消费者感知信誉达到一定水平，系统无须要求所有的购买者都提交评论。基于双边市场理论提出应该由平台来提供激励并同时给出了激励的上限和下限。

4.1　问题提出

在线商务环境中买卖双方交易中信息不对称问题使得消费者的信任在在线交易环境下比传统交易环境下更重要。但是，在线商务交易下长期以来一直存在的信任欺诈迫使消费者面临着很大的交易风险。随着交易环境的不断完善，消费者面临的主要不确定性来源于对商家的商品质量的不确定性[1,2]。以往的研究表明在线信誉系统可以解决上述问题[3~5]。目前，信誉系统已经被广泛地应用于各大电子商务网站，如淘宝、eBay、Amazon等。系统搜集用户购物后的反馈信息，这些信息可以帮助潜在的消费者进行购买决策。调查显示70%以上的消费者购买之前都会浏览在线评论[6]。

淘宝作为中国最大的电子商务市场吸引了理论界和实践界的关注。淘宝的信誉系统与eBay相似，但是系统在运行的过程中面临着很多挑战。其主要问题总结如下：消费者评论参与度低，卖家操纵评论，极少的负面评论。第一，在线评论可以帮助潜在消费者进行购买决策，但是由于在线评论的利他性并且提交评论需要耗费一定的时间和精力，极少数的购买者在购买后主动提供评论信息，相当一部分的未提供评论者甚至会被系统默认为好评。

第二，在线评论作为一种口碑传播方式成为商家的一种营销手段，对于商家销售及推广新产品非常重要[7,8]。因此一些商家会通过信誉作假提高自身信誉进而吸引更多的消费者[9,10]。例如，一些商家会雇用专门的网络水军制造虚假交易提高其信誉评分，或者部分商家通过好评返现的方式诱导消费者给出好评[11]。

第三，部分消费者对商品不满意提供负向评论后不停地被商家电话骚扰，商家要求其修改评价，有时甚至受到威胁，因此消费者极少提供负向评论[12,13]。上述问题的存在使得消费者对信誉系统产生怀疑。在线评论是信誉系统的输入，它直接决定着信誉系统的输出（根据在线评分计算商家信誉）的有效性。因此只有解决了上述问题，信誉系统才能发挥应有的作用。

许多研究者针对信誉系统中存在的类似问题进行了相关研究。例如，为了鼓励消费者发表更多的评论意见，可以采取一些激励策略[14,15]。实践中，一些电子商务网站也采取了相关措施。那么，实践中激励措施的效果如何呢？本书的研究动机正是源于实践中电子商务网站的激励措施的不同效果。例如，一个淘宝网的消费者收到货物时有时会同时收到来自卖家的好评邀请，承诺消费者如果给 10 字以上好评会获得 5~10 元的红包返现或者是购物券。那么如果消费者对商品不是很满意，但是退货产生的退货费用比较大，因此选择不退货。此时消费者如果给好评比给差评会多收益 5~10 元，那么可能部分消费者会为了获得返现给出好评。

与此相反，美团网平台通过奖励积分的方式鼓励购买者发表评论。如果消费者对商家提供的服务或产品不满意，消费者会直接给出中评或差评，同时消费者可以收到平台给予的奖励积分。研究发现在实践中卖家和平台都会鼓励消费者发表评论，但是其目的是不同的。卖家鼓励消费者提供评论的目的是希望提高信誉评分以吸引更多的消费者，然而实践中大部分商家只会对好评提供现金或红包等方式的激励。相反，平台为了持续发展，其目标是创造一个诚信的交易环境，在这样一个交易环境下，消费者可以区分优劣。有时候卖家对评论的操纵和平台的利益是一致的，如诚信卖家为了宣传自己的产品鼓励消费者提供更多的评论或者花钱买评论。但是不诚信的卖家如果通过操纵获取好评则会使消费者很难区分优质商家，影响消费者对平台的信任。这种情况下卖家对评论的操纵行为和平台的长远利益是不一致的。

本书提出应该由在线商务平台提供激励促使消费者提供更多的评论。建立了一个贝叶斯推理模型模拟消费者对商家信誉的感知过程，通过模型得出如下结论：第一，在线评论的真实性正向影响消费者对商家信誉的感知。第二，给定评论真实性的情况下，更多的正向评论会提高消费者对商家信誉的感知。由于潜在消费者看到的评论存在虚假评论，因此需要激励更多的在线评论。通过对比分析，发现当平台提供激励时，消费者提供真实评论的可能性更大。第三，评论的真实性和评论数目之间是可以相互替代的，因此为了达到一定水平的感知信誉，不需要激励所有的消费者提供评论，对于实施激励者来说，这将是一种成本上的节约。根据双边市场理论，第三方电子商务平台有责任提供诚信的交易环境。卖家一般向平台支付交易金额的一定比例作为平台的服务费，平台将该费用的一部分用于支付激励，据此给出激励支付的上限和下限。

4.2　在线评论的真实性与用户反馈机制设计

信誉机制能正常发挥作用的前提是在线评论是真实的。事实上可以在不同阶段对在线评论的质量进行干预，如评论发布阶段、评论集结阶段和评论传播阶段[16]。首先，在评论的发布阶段，评论的发布应该受到约束和激励。其次，在消费者撰写评论后，系统对评论质量进行评估和过滤。最后，被过滤的评论应该以合适的方式集结并正确的展示。以往的研究大多聚焦于评论质量控制的第二阶段和第三阶段，如垃圾评论的检测[17,18]以及信誉集结模型[4,19]。而关于评论生成阶段的约束条件和激励等研究则较少。Resnick 等发现在评论生成过程中存在三个问题：用户反馈率较低，人们不愿意发表负向评论以及评论的不真实问题[5]。在线评论类似公共物品的供给，潜在消费者会从在线评论中受益，并且评论的提供者并不能从评论中获益，因此大部分消费者选择搭便车的行为而不愿意花费时间提供评论[20]。这就是评论供给不足的主要原因。通过场地实验和来自实验室的实验数据，Li 发现在线评论中存在明显的偏差[12]，如更多的正向评论，较少的负向评论，中性评论更少。

研究者对于如何获得诚实的评论已有研究。Miller 等提出平台应该鼓励消费者描述他们的购物经历并开发了一种同行预测的方法来评价评论者的评论并据此给予奖励[21]。Papaioannou 和 Stamoulis 设计了一个可信机制要求买卖双方互评，如果双方互评不一致，则认为双方都说谎，并且双方都会受到惩罚[22]。Jurca 和 Faltings 构建了一个线性最优化模型求解激励的最小支付，并提出增加参考评论数目或者提高虚假评论识别技术可以减少支付[23]。Zhao 等设计了一个基于报酬的激励机制来获取诚实反馈，并且通过模拟实验表明这种机制是有效的[15]。

从以上的研究发现研究者更多地关注如何去激励使消费者提供更多诚实评论，但是很少有研究关注到底应该由谁来激励。Li 认为由平台来提供激励是不可行的，因为平台上每天发生的交易量太大使得激励支付成本太高[24]。Li 提出一种由卖家来提供激励的机制，通过博弈分析发现这种机制可以减少买卖双方的信息不对称，约束卖家减少欺诈行为，并且可以帮助买家识别低质量的商家。来自实验室的数据的实证研究支持了该理论的提出。但是，随后的田野实验却发现了不同的结论：卖家激励并没有提高在线评论的供给，更糟糕的是负向评论更少了[25]。

从以往的研究中可以看出研究者同意为了获取更多的评论信息可以采用激励的方式[26]。但是到底应该由谁来激励大家的意见并不一致。实践中各个在线商务平台也是在不断地试探和摸索中。例如，美团平台对于消费者的认真评价会奖励一定的积分。对应的，在淘宝平台上如果买家提供好评，则卖家会奖励红包。本书将有助于完善用户反馈，尤其是诚实反馈的机制设计。特别是本书从激励的主体出发而不是如何去激励。本书的贡献在于：第一，通过建立贝叶斯模型发现评论的真实性影响消费者对商家信誉的感知进而影响消费者的购买决策，因此评论的真实性非常重要。信誉系统需要更多的在线评论并不是因为评论供给不足而是因为评论存在不真实的问题。由于在线评论是消费者主观的评价，因此评论不真实问题是无法完全避免的，信誉系统需要更多的评论来强化消费者的后验感知。第二，与 Li 的研究结论[24]不同，本书提出为了获得更多的真实评论，应该由平台来实施激励。第三，进一步讨论了由平台实施激励的可行性问题。

4.3　消费者信誉感知模型的构建

淘宝采用的信誉系统与 eBay 的信誉系统相似:买家可以对卖家和商品进行评价。评论包含两部分：文本评价和打分。打分有三种情况：好评，系统会给卖家的信誉加 1 分，中评，信誉不变，差评，信誉评分减 1 分。但是由于评论提供者自身专业知识技能的局限性以及可能的评论操纵行为，潜在消费者看到的好评并不一定说明产品或商家是高质量的诚信商家。消费者不能仅仅根据信誉评分来做出购买决策。事实上，消费者一般会结合自身的经验和在线评论的情况形成一个新的商家的信誉。本书建立了一个贝叶斯推理模型来模拟消费者对商家感知信誉的形成过程，这个感知信誉才是消费者购买决策的主要影响因素。然后分析哪些因素影响感知信誉的形成。

4.3.1　模型建立

假设根据消费者的先验信息，平台中诚信商家的比例为 α 。这里所说的诚信商家是指商家对商品的描述和商品的实际质量是相符的，商家不存在虚假宣传。那么不诚信商家的比例为 $1-\alpha$ 。不诚信的商家是指某些商家以次充好，虚假宣传。

这里商家不存在投机行为，即诚信商家提供的商品质量是一致的，不诚信商家总是提供与描述不相符的商品。买家收到商品后决定是否提供评论。为简化起见，假定评论分为两类，正向评论和负向评论，商品为经验品。由于消费者缺乏专业知识以及技能水平低下可能无法有效分辨，并且有些缺陷并不是由卖家导致的，因此，尽管是诚信卖家，买家也可能给出非正向评价。同理，当买家收到来自不诚信卖家的商品时也不一定给出负向评论。假定消费者收到来自诚信卖家的商品而给出好评的概率为 $P(G|H)=w_1$（$0<w_1<1$），而给出差评的概率为 $P(B|H)=w_2$（$0<w_2<1$）。消费者给差评的动机有很多，有些差评出自竞争卖家，有些是由于消费者对收到的商品不满意或者对售后服务不满意，如物流服务不好。有时候尽管消费者收到来自诚信商家的商品，但是有些消费者保持沉默，不发表任何评价。因此，$w_1+w_2\leqslant 1$。类似地，$P(G|L)=\beta_1$（$0<\beta_1<1$）为消费者收到来自不诚信商家的商品而给出好评的概率。此时消费者给差评的概率为 $P(B|L)=\beta_2$。与 w_1 和 w_2 的情况类似，$\beta_1+\beta_2\leqslant 1$。此时一个理性的潜在消费者看到一个好评会推测该商家为诚信商家的概率为

$$P(H|G)=\frac{P(G|H)\bullet P(H)}{P(G)}=\frac{P(G|H)\bullet P(H)}{P(G|H)\bullet P(H)+P(G|L)\bullet P(L)}=\frac{w_1\bullet\alpha}{w_1\bullet\alpha+\beta_1\bullet(1-\alpha)} \tag{4.1}$$

如果消费者看到一条差评，据此推测该商家为诚信商家的概率为

$$P(H|B)=\frac{P(B|H)\bullet P(H)}{P(B)}=\frac{P(B|H)\bullet P(H)}{P(B|H)\bullet P(H)+P(B|L)\bullet P(L)}=\frac{w_2\bullet\alpha}{w_2\bullet\alpha+\beta_2\bullet(1-\alpha)} \tag{4.2}$$

潜在消费者根据以往的评论不断地更新对卖家的信誉的感知。当某商家的商品收到 t_1 条好评和 t_2 条差评，那么卖家为诚信卖家的概率为

$$P\left(H|G^{t_1},B^{t_2}\right)=\frac{\alpha {w_1}^{t_1}\bullet {w_2}^{t_2}}{\alpha {w_1}^{t_1}\bullet {w_2}^{t_2}+(1-\alpha)\,{\beta_1}^{t_1}\bullet{\beta_2}^{t_2}} \tag{4.3}$$

假定 $P\left(H|G^{t_1},B^{t_2}\right)=Y$ 表示消费者对商家的感知信誉。则 Y 值越大表明商家为诚信商家的概率越大；此时消费者预期收到与描述相符的商品，因此消费者购买意愿提高。当然对于卖家来说他期望自身的被感知信誉提高，同样，平台也希望卖家的被感知信誉提高，因为平台的利润与卖家的销售相关。接下来解决如下问题：哪些因素影响感知信誉以及如何影响。

4.3.2 评论真实性与消费者感知商家信誉

根据贝叶斯理论，较高的先验概率将导致更高的 Y，因此 Y 将随着 α 增加

而增大。而消费者对平台中诚信商家所占比例的先验概率与消费者以往的购物经历有关，另外也与平台的自身宣传有关。如果消费者以往的购物经历很愉快，平台大力宣传其诚信交易环境，则先验概率增大。相反，如果消费者有被欺骗的购物经历，则先验概率较低 。如果商家商品没有评论，则先验概率的作用更加突出。由于在线信誉系统的存在，在线评论可以更新消费者的先验知识。因此重点分析在线评论对感知信誉的影响。

w_1 和 β_1 代表在线评论的真实性。较高的 w_1 的值和较低的 β_1 的值意味着在线评论更加真实。下面分析这两个因素如何影响消费者对商家的信誉感知。对 Y 分别求各个参数的偏导：

$$\frac{\partial Y}{\partial w_1}=\frac{\alpha w_1^{t_1-1}w_2^{t_2}\left(1-\alpha\right)\beta_1^{t_1}\beta_2^{t_2}}{\left(\alpha w_1^{t_1}w_2^{t_2}+\left(1-\alpha\right)\beta_1^{t_1}\beta_2^{t_2}\right)^2} \tag{4.4}$$

$$\frac{\partial Y}{\partial w_2}=\frac{\alpha w_2^{t_2-1}w_1^{t_1}\left(1-\alpha\right)\beta_1^{t_1}\beta_2^{t_2}}{\left(\alpha w_1^{t_1}w_2^{t_2}+\left(1-\alpha\right)\beta_1^{t_1}\beta_2^{t_2}\right)^2} \tag{4.5}$$

$$\frac{\partial Y}{\partial \beta_1}=\frac{-\alpha w_1^{t_1}w_2^{t_2}\left(1-\alpha\right)\beta_2^{t_2}t_1\beta_1^{t_1-1}}{\left(\alpha w_1^{t_1}w_2^{t_2}+\left(1-\alpha\right)\beta_1^{t_1}\beta_2^{t_2}\right)^2} \tag{4.6}$$

$$\frac{\partial Y}{\partial \beta_2}=\frac{-\alpha w_1^{t_1}w_2^{t_2}\left(1-\alpha\right)\beta_1^{t_1}t_2\beta_2^{t_2-1}}{\left(\alpha w_1^{t_1}w_2^{t_2}+\left(1-\alpha\right)\beta_1^{t_1}\beta_2^{t_2}\right)^2} \tag{4.7}$$

可以看出，$\frac{\partial Y}{\partial w_1}>0$ 并且 $\frac{\partial Y}{\partial w_2}>0$。如果 w_1 增加，其他不变，则 Y 会增加。但是由于 $\frac{\partial Y}{\partial w_1}-\frac{\partial Y}{\partial w_2}<0$，即如果 w_1 很大，并且增加使得 w_2 减少，则 Y 值降低。在极端的情况下 $w_1=1$，$w_2=0$，所有的消费者当收到来自诚信商家的商品都会给正向评论，那么只需要一条差评就可以判定商家为不诚信商家了。

如果 β_1 增加，并且 β_2 不变，Y 将会降低，因为 $\frac{\partial Y}{\partial \beta_1}<0$。另外，因为 $\frac{\partial Y}{\partial \beta_1}-\frac{\partial Y}{\partial \beta_2}<0$，当 β_1 较大且仍然增加，使得 β_2 减少，Y 会减少。因为随着 β_1 增加，Y 会降低。因此得到如下结论：

结论 4.1：为了获取更大的感知信誉，w_1 越大越好，并且 β_1 越小越好。

另外，如果评论的真实性程度给定，那么感知信誉与评论的数目相关。

$$\frac{\partial Y}{\partial t_1}=\ln\left(\frac{w_1}{\beta_1}\right)\frac{\alpha\bullet\left(1-\alpha\right)\left(w_1\beta_1\right)^{t_1}\left(\beta_2 w_2\right)^{t_2}}{\left(\alpha w_1^{t_1}\bullet w_2^{t_2}+\left(1-\alpha\right)\beta_1^{t_1}\bullet\beta_2^{t_2}\right)^2} \tag{4.8}$$

$$\frac{\partial Y}{\partial t_2}=\ln\left(\frac{w_2}{\beta_2}\right)\frac{\alpha\bullet(1-\alpha)(w\beta)^{t_1}\left((1-w)(1-\beta)\right)^{t_2}}{\left(\alpha w_1^{t_1}\bullet w_2^{t_2}+(1-\alpha)\beta_1^{t_1}\bullet\beta_2^{t_2}\right)^2} \tag{4.9}$$

如果所有的评论都是真实的，即 $w_1=1$， $\beta_1=0$。那么对于一个诚信卖家，一条好评就足够了；对于一个不诚信的卖家，一条差评就可以使得 $Y=0$。由于在实践中 $w_1<1$ 并且 $\beta_1>0$，更多的在线评论可以帮助消费者更新他们关于卖家的信念。考虑到市场交易秩序的要求，$w_1>\beta_1$，那么 $\frac{\partial Y}{\partial t_1}>0$，因此当 t_1 增加时，Y 会增加。同理 $w_2<\beta_2$，因此 $\frac{\partial Y}{\partial t_2}<0$，$t_2$ 增加使得 Y 减小。

结论 4.2：当评论真实性程度给定时，更多的好评会使卖家的感知信誉增大，更多的差评会使卖家的感知信誉减小。

根据式（4.4）~式（4.9），w_1 增加，Y 增加；t_1 增加，Y 增加，因此二者之间可以相互替代，如图 4.1 所示。

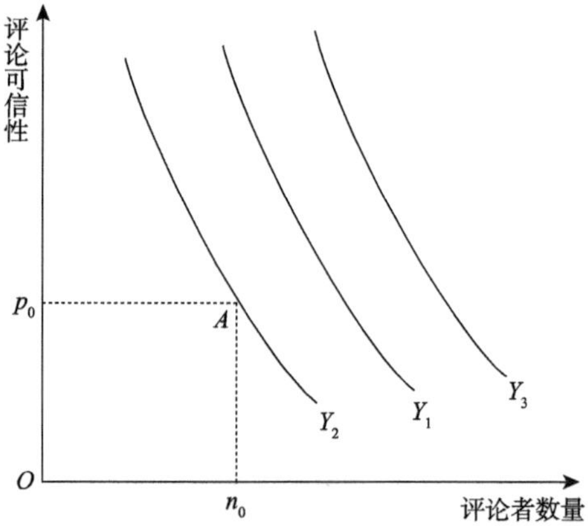

图 4.1　消费者感知的卖家信誉

在图 4.1 中，Y_1 是消费者对商家的信誉感知，并且是消费者能够接受的最低水平。不同的消费者可能有不同的感知信誉的阈值，如 Y_2 或者 Y_3。如果评论真实性程度高，则需要较少的在线评论，与此相仿，如果评论的真实性程度低，则消费者需要更多的在线评论来更新对商家的感知信誉。给定一个评论真实性水平，则需要一定数目的在线评论即可；不需要所有消费者都提供评论。例如，在图 4.1 中的 A 点，评论真实性水平为 p_0，为了满足一定的信誉阈值要求，至少需要 n_0 个消费者评论。

结论 4.3：为了达到一定水平的感知信誉，至少需要一定数目的在线评论。

从上述结论可以看出为了使信誉系统能有效地发挥作用，第一，需要保证评论的真实性；第二，由于不能获得完全真实的在线评论，所以需要提供更多的评论；第三，系统不需要所有买家提供评论。

4.4　用户反馈激励机制与消费者感知商家信誉

在这部分，探讨用户反馈激励机制如何影响在线评论的真实性进而影响消费者对商家信誉的感知。

假设买卖双方存在如下的博弈：

（1）消费者根据感知信誉选择商家。假设消费者接受的信誉阈值为 θ。则消费者选择的商家的感知信誉值满足如下条件：$\theta \leqslant Y$。

（2）消费者收到商品，结果可能非常满意或非常不满意。如果消费者对产品非常不满意而选择退货，则此时交易结束，系统中不会有评论（淘宝网规定只有交易成功购买者才能发表在线评论）。如果消费者非常满意，获得 1 单位的效用。假设商品价格为 p，则消费者的净效用为 $1-p$。如果消费者对商品感觉一般，但是并不打算退货，消费者获取至少 θ（$0<\theta\leqslant 1$）的效用，则净效用为 $\theta-p$。

（3）消费者决定是否发表评论，主要取决于发表评论的成本或机会成本。假设消费者发表评论的成本为 c，c 服从 $[0,\overline{c}]$ 的均匀分布。发表评论可能有收益，假设发表正向评论的收益为 R_G，发表负向评论的收益为 R_B，不发表评论的收益为 0。则消费者的效用为

$$U(H,G)=1-p+R_G-c,\quad U(H,N)=1-p,\quad U(H,B)=1-p+R_B-c$$

$$U(L,G)=\theta-p+R_G-c,\quad U(L,N)=\theta-p,\quad U(L,B)=\theta-p+R_B-c$$

$U(H,G)$，$U(H,N)$ 和 $U(H,B)$ 分别代表消费者收到来自诚信商家的商品而发表正向评论，不发表评论和发表负向评论的效用。$U(L,G)$，$U(L,N)$ 和 $U(L,B)$ 分别代表消费者收到来自不诚信商家的商品而发表正向评论，不发表评论和发表负向评论的效用。

接下来分析激励主体不同的情况下消费者的行为选择。

4.4.1　无激励在线评论的真实性和消费者感知商家信誉

当不存在激励时，购买者自发评论。此时 $R_G=R_B=0$ 则 $U(H,G)=U(H,B)<U(H,N)$。类似的，$U(L,G)=U(L,B)<U(L,N)$。那么对于一个理性消费者来说，消费者购买之后不会提供评论。但是，在实践中，一些买家愿意提供在线评论。评论发表动机有很多：第一，某些消费者是利他的，希望将自己的经验和教训分

享给其他人帮助其他人做出正确的购买决策。第二，评论的发表与产品卷入度有关，消费者发表正向评论表示对商品非常满意或者通过发表负向评论发泄自己的不满甚至是愤怒。第三，出于帮助商家的心理，消费者会自愿发布正向评论帮助商家宣传，或要出于报复商家的心理发布负向评论告诫其他的消费者不要购买[27,28]。因此尽管没有物质激励，一些买家仍然愿意提供在线评论分享自己的购物体验。

但是，自发评论的数目很少。所以 w_1 和 β_1 都很小，较少的信息无法帮助消费者形成对商家的信念。也就是说，即便商家是诚信商家，但是由于 w_1 和 t_1 都很小，Y 值仍然会很小。消费者无法确定商家的真实质量，因此愿意支付的价格较低，则诚信商家的交易量很小。而对于不诚信的商家，β_1 也很小，该商家的感知信誉也不会很低。因此消费者很难区分商家优劣，这不是一个高效率的市场。

4.4.2 卖家激励下在线评论的真实性和消费者感知商家信誉

如果由卖家选择激励消费者，如果 $R_G = R_B \geqslant \overline{c}$，那么所有的理性消费者都会选择发表评论；如果 $R_G = R_B < \overline{c}$,则 $R_B/\overline{c}$ 的消费者选择发表评论。此时不论消费者购买的商品来自诚信商家还是不诚信商家，消费者发表评论的效用均大于不发表评论的效用，即 $U(H,G)=U(H,B)>U(H,N)$，$U(L,G)=U(L,B)>U(L,N)$。基于理性假设，消费者会进行诚实评价，因为消费者没有理由欺诈[24]。但是，根据社会交换理论，社会成员之间存在着互惠心理[29]。一般情况下，人们收到激励时会激发人们情感系统的刺激反应机制进而做出正向反应或者负向反应并且反应函数是连续并且递增的[30]。当卖家提供物质激励，会激发消费者的情感反应系统，较高的激励会产生较好的情感反应。买家会因此为卖家说好话或者至少不会发表负向评论。因此，如果买家收到来自诚信卖家的商品，之前本来不打算发表评论的会选择提供评论，并且消费者会诚实的发表正向评论。w_1 将会增加，而 w_2 不变，则 Y 增加。但是如果消费者收到来自不诚信商家的商品，尽管消费者对产品不满意也可能给出正向评论或者至少不会发表负向评论。那么 β_1 增加，Y 会减小。消费者仍然很难判断商家的优劣，因此市场效率较低。

如果 $R_G > R_B$ 或者甚至 $R_B = 0$，$U(H,G)>U(H,B)>U(H,N)$ 并且 $U(L,G)>U(L,B)>U(L,N)$。此时，无论消费者收到的商品来自诚信商家还是不诚信商家，消费者将提供正向评论。此时 w_1、β_1 都会增加，该结果与上述结果相同。在实践中，有些卖家要求买家提供 10 字以上好评然后给予红包或购物券的激励。有时候 $R_B < 0$。这种情况发生在卖家威胁买家修改差评。由于害怕骚扰报复，消费者不愿意提供差评。

因此，如果卖家被允许提供激励，则会出现大量虚假评论，使得消费者很难分辨商家优劣。从长远来看，消费者将对平台失去信任甚至导致劣品驱逐良品的市场现象。

4.4.3　平台激励下在线评论的真实性和消费者感知商家信誉

平台会通过赠送购物券或者奖励积分的形式鼓励消费者提供在线评论。平台的目的是创建一个诚信的交易环境。根据上述结论，平台需要激励消费者提供更多真实评论。并且平台提供的激励满足如下条件：$R_G = R_B \leqslant \overline{c}$，对于提供评论的消费者$U(H,G)=U(H,B)>U(H,N)$，$U(L,G)=U(L,B)>U(L,N)$。

由于电子商务平台是第三方，因此平台与卖家之间不存在直接的互惠互利关系。消费者发表正向评论或负向评论是无差别的，因此消费者没有理由发表不诚实的评论。此时w_1增加，β_1减小，这样可以帮助消费者判断商家之间的优劣。即Y值越大，则商家为诚信商家的可能性越大。相反，不诚信商家的被感知信誉将较小。从长期来看，不诚信商家将退出市场。这是一个有效的市场。

从上文可以看出，尽管平台和卖家都有通过现金或红包方式激励消费者提供更多评论的动机，但是消费者的反应是不同的。如果平台激励消费者提供评论，在线评论的真实性程度更大，即w_1变大，β_1变小。此时消费者感知商家的信誉会增加。

4.5　用户反馈激励机制的实施

这部分主要探讨由平台提供激励的可行性。Li 认为由于平台上每天的交易量非常大，因此由平台来提供激励将耗费很大成本，故平台作为激励方并不可行[24]。根据结论 4.3 发现，为了达到一定水平的感知信誉，不需要提供全部的评论，因此可以节省大量的激励成本。下文说明了平台提供激励的可行性并给出了由平台来提供激励的上限和下限。

4.5.1　平台提供激励的必要性

第三方在线商务平台被认为是双边市场[31,32]。双边市场的存在目的是降低买卖双方的交易成本[33]。平台聚集了大量的买家和卖家，增大了消费者的选择性，同时也扩大了卖家的市场。但是虚拟的交易环境，买卖双方存在着很大的信息不对称性，导致交易成本较高。例如，卖家试图向买家传递信号表明自己是值得信任的交易伙伴，同时买家购买前进行大量的比较以选择合适的卖家。因此，鼓励消费者提供诚实的产品信息并分享他们的购物经历对于减少潜在买家的风险具有极大的帮助，会降低买卖双方的交易费用。这是电子商务平台的责任，也将成为平台在市场竞争中的优势。

4.5.2 平台提供激励的可行性

从结论 4.3 中可以看出，平台不需要激励所有的消费者提供评论。评论的真实性和评论的数目之间可以相互替代，他们都可以影响消费者对商家的信誉感知。每一个消费者会有一个可接受的最低的信誉水平，为了达到这个信誉水平，需要有一定数目的在线评论。假设消费者接受的信誉阈值为 θ，平台激励成本为 r（$R_G = R_B = r$，并且 $r < \overline{c}$，这里 $\overline{c}$ 是消费者提供评论的成本上限）。由于消费提供评论的成本服从 $[0, \overline{c}]$ 的均匀分布，因此消费提供评论的可能性为 $r/\overline{c}$。预期交易量为 n，则总的评论数量为 $rn/\overline{c}$。假设平台作为第三方向卖家按照交易额收取一定比例 (δ) 的服务费。例如，卖家销售 100 美元，则平台收取 5%的服务费。也就是说，平台会向卖家收取 5 美元的服务费，δ 即 5%。平台为了保证达到消费者的信誉阈值需要一定数目的在线评论。另外，激励成本应该低于卖家向平台提供的服务费。

$$P\left(H|G^{t_1}, B^{t_2}\right) = \frac{\alpha w_1^{t_1} \bullet w_2^{t_2}}{\alpha w_1^{t_1} \bullet w_2^{t_2} + (1-\alpha)\beta_1^{t_1} \bullet \beta_2^{t_2}} \geqslant \theta$$

$$t_1 + t_2 = \frac{nr}{\overline{c}}$$

$$\frac{nr}{\overline{c}} r \leqslant np\delta \quad (\ p \text{ 为产品价格})$$

为了简化，假设 α=0.5，从上式可以获得激励的上限为 $r \leqslant \sqrt{\overline{c}p\delta}$。随着 δ 增加，平台将提高激励。事实上，激励成本来源于卖家，但是从卖家转移到了平台。从上面两个公式可以获得平台激励的下限为 $r \geqslant \frac{\overline{c}}{n}\left(\frac{\ln\frac{\theta}{1-\theta}}{\ln\frac{w_1}{\beta_1}} + t_2\frac{\ln\frac{\beta_2}{w_2}}{\ln\frac{w_1}{\beta_1}} + t_2\right)$。结果表明，较高的 θ 对应较高的激励支付。如果消费者提供评论的成本提高则平台需要提供较高的激励支付。相反，评论的真实性程度越高，平台的激励支付越低。

4.5.3 管理启示

在线交易环境下，信誉系统可以帮助陌生的交易主体之间建立信任[9]；但是不真实的评论使得系统的有效性大打折扣。平台作为连接买卖双方的双边市场有责任建立一个诚信的交易环境。而且有效的区分商家之间的优劣和平台的利益也是一致的[24]。通过研究发现要想获得更多的真实评论，第三方电子商务平台应该为激励主体。并且由于评论数目和评论的真实性之间是可以相互替代的，因此为了达到一定水平的感知信誉阈值不需要激励所有的购买者提供评论，即评论真实性提高后激励成本可以降低。平台作为第三方中介向卖家收取销售额一定比例的费用作为服务费，然后将该费用的一部分用来激励消费者提供更多的评论。因此事实上激励支付的成本转移给了卖家。因此本书的结果与 Li 提出的方案[24]并不完全矛盾。

为了保证该策略的实施，应该禁止卖家向买家提供激励，并且评论提供者不能再修改评论。这样可以避免消费者因为害怕卖家的骚扰或报复而不敢提交负向评论。

4.6 小　　结

本章提出了一个反馈激励机制，即平台而非卖家激励消费者提供更多的评论。建立了一个贝叶斯模型来模拟在在线商务环境下消费者对卖家感知信誉的形成过程。分析了评论的真实性和评论的数目对感知信誉的影响。根据社会交换理论，认为卖家激励消费者提供评论不利于保证评论的真实性，而应该由平台作为激励主体，并且诚信的交易环境与平台的利益也是一致的。另外，由于平台不需要对所有的买家进行激励，因此降低了支付成本。总之，针对在线评论生成过程中评论提供不足和评论不真实的问题，由在线商务平台来实施激励是必要的，也是可行的。

参 考 文 献

[1] Westland J C. Transaction risk in electronic commerce[J]. Decision Support Systems, 2002, 33: 87-103.

[2] Zhu F，Zhang X. Impact of online consumer reviews on sales：the moderating role of product and consumer characteristics[J]. Journal of Marketing，2010，74：133-148.

[3] Dellarocas C. The digitization of word of mouth：promise and challenges of online feedback mechanisms[J]. Management Science，2003，49：1407-1424.

[4] Lin I C，Wu H J，Li S F，et al. A fair reputation system for use in online auctions[J]. Journal of Business Research，2015，68：878-882.

[5] Resnick P，Kuwabara K，Zeckhauser R，et al. Reputation systems[J]. Communications of the ACM，2000，43：45-48.

[6] Hu N，Koh N S，Reddy S K. Ratings lead you to the product，reviews help you clinch it? The mediating role of online review sentiments on product sales[J]. Decision Support Systems，2014，57：42-53.

[7] Chen Y，Xie J. Online consumer review：word-of-mouth as a new element of marketing communication mix[J]. Management Science，2008，54：477-491.

[8] Kwark Y，Chen J，Raghunathan S. Online product reviews：implications for retailers and competing manufacturers[J]. Information Systems Research，2014，25：93-110.

[9] Hendrikx F，Bubendorfer K，Chard R. Reputation systems：a survey and taxonomy[J]. Journal of Parallel and Distributed Computing，2015，75：184-197.

[10] Xiong J，Zhong Y. Fraud against model for seller's reputation of C2C[J]. Computer Science，2012，39：68-71.

[11] Xu H，Liu D，Wang H，et al. E-commerce reputation manipulation：the emergence of reputation-escalation-as-a-service[C]. Proceedings of the 24th International Conference on World Wide Web. Florence，Italy，2015：1296-1306.

[12] Li Y，Liao C，Yu H. The deviation and correction of reversed "L" -type distribution of online products' review[J]. Statistical Research，2013，30：46-51.

[13] Zhang W，Liu L，Zhu Y. Recent developments and prospect of online reputation systems[J]. Control and Decision，2005，20：1201-1211.

[14] Jurca R，Faltings B. An incentive compatible reputation mechanism[C]. EEE International Conference on E-Commerce，2003：285-292.

[15] Zhao H，Yang X，Li X. An incentive mechanism to reinforce truthful reports in reputation systems[J]. Journal of Network and Computer Applications，2012，35：951-961.

[16] Lin Y，Wang X，Zhu T，et al. Survey on quality evaluation and control of online reviews[J]. Journal of Software，2014，25：506-527.

[17] Kim S M，Pantel P，Chklovski T，et al. Automatically assessing review helpfulness[C]. Proceedings of the Conference on Empirical Methods in Natural Language Processing. Association for Computational Linguistics，2006：423-430.

[18] Korfiatis N，García-Bariocanal E，Sánchez-Alonso S. Evaluating content quality and helpfulness of online product reviews：the interplay of review helpfulness vs. review content[J]. Electronic Commerce Research and Applications，2012，11：205-217.

[19] Bharadwaj K K，Al-Shamri M Y H. Fuzzy computational models for trust and reputation

systems[J]. Electronic Commerce Research and Applications，2009，8：37-47.

[20] Bolton G E，Katok E，Ockenfels A. How effective are electronic reputation mechanisms? An experimental investigation[J]. Management Science，2004，50：1587-1602.

[21] Miller N，Resnick P，Zeckhauser R. Eliciting informative feedback：the peer-prediction method[J]. Management Science，2005，51：1359-1373.

[22] Papaioannou T G，Stamoulis G D. An incentives' mechanism promoting truthful feedback in peer-to-peer systems，cluster computing and the grid[C]. IEEE International Symposium on Cluster Computing and the Grid，2005：275-283.

[23] Jurca R，Faltings B. Minimum payments that reward honest reputation feedback[C]. Proceedings of the 7th ACM Conference on Electronic Commerce，2006：190-199.

[24] Li L I. Reputation，trust，and rebates：how online auction markets can improve their feedback mechanisms[J]. Journal of Economics & Management Strategy，2010，19：303-331.

[25] Cabral L，Li L. A dollar for your thoughts：feedback-conditional rebates on eBay[J]. Management Science，2015，61：2052-2063.

[26] Shapira B，Kantor P B，Melamed B. The effect of extrinsic motivation on user behavior in a collaborative information finding system[J]. Journal of the American Society for Information Science and Technology，2001，52：879-887.

[27] Braverman A N，Southwick T. User-generated content principles：the motivation，process，results and lessons learned[J]. Columbia Journal of Law and the Arts，2008，32：471.

[28] Murphy H C，Gil E A C，Schegg R. An investigation of motivation to share online content by young travelers-why and where[J]. Information and Communication Technologies in Tourism，2010：467-478.

[29] Homans G C. Social behavior as exchange[J]. American Journal of Sociology，1958，63（6）：597-606.

[30] Hollander H. A social exchange approach to voluntary cooperation[J]. The American Economic Review，1990，80：1157-1167.

[31] Armstrong M. Competition in two-sided markets[J]. The RAND Journal of Economics，2006，37：668-691.

[32] Chen J，Fan M，Li M. Advertising versus brokerage model for online trading platforms[J]. MIS Quarterly，2016，40：575-596.

[33] Rochet J，Tirole J. Two-sided markets：a progress report[J]. The RAND Journal of Economics，2006，37：645-667.

第 5 章　基于在线评论的退货运费险定价策略设计①

为了解决在线购物纠纷，保险公司联合在线购物平台开发了一种新型的保险——退货运费险，以补偿消费者因退货产生的经济损失。传统的保费厘定方法（如支持向量机）并没有完全考虑所有的在线商务因素，如网上购物的产品不确定性，这可能会影响保险需求和退货数量。基于这些特征，在产品拟合不确定性的条件下，本书引入一些市场营销参数，建立利润最大化模型，并计算囊括保费和赔偿金在内的最优定价策略。基于前景理论，解释在线商务环境中为什么在线产品评论会影响保险公司的风险规避行为。然后从保险公司的角度出发，设计合理的保费和赔偿金策略，从而获得最大收益。

5.1　退货运费险的产生

在线商务环境下，远程购物使得消费者的购买决策与消费体验不能同步，消费者做出购买决策时不能完全基于商品的真实属性，只能依据自身经验、商家信誉、商品宣传以及他人的在线评论等。因此，消费者会经常遇到购买商品之后才发现该商品不能满足其自身需求的现象。消费者一般会因为之前所做出的错误购买决定产生懊悔的情绪，希望将商品无条件的退还给商家以降低损失。随着社会生产水平的提高以及商品数量与种类的不断增加，商家之间的竞争也变得更为激烈，为了吸引消费者并占领市场，除了常规的提升商品质量、降低商品价格以及拓宽经营渠道等方式，退货策略也成为商家吸引消费者的重要手段。根据华尔街的报告，约有 1/3 的在线商品购买后被消费者退货[1]。2015 年“双十一”网络购

① 篇幅所限，本章所有命题的证明，以及命题 5.3 提及的 132 种分类情况讨论，请参阅：Geng S，Li W，Qu X，et al. Design for the pricing strategy of returen-frgitht insurance based on online product reviews[J]. Elecronic Commerce Research and Applications，2017，（25）：16-28.

物节，退货额近 600 亿元，占当日销售总额的近六成[2]。由此可见，退货已成为消费者用来抵抗电子商务不确定性风险的重要手段。

消费者线上购物后退货的原因有多种，除了最基本的商品质量问题，收货后发现商品各方面属性与商家描述不一致以至于难以达到消费者预期则更为普遍。可以明确的是，因为二次装卸、包装、库存等因素的存在，退货问题会给在线零售商带来成本和利润上的损失，但不确定的是究竟该由在线零售商或是消费者哪一方来承担退货运费损失，这个问题一度引发买卖双方的争执。通常情境下，消费者退货会给电子商务平台带来损失。作为零售商直接参与运营的电子商务平台，退货引起的装卸、包装、库存等问题也会同样伴随；类似集市收取旗下零售商交易佣金的电子商务平台，退货引起的商品订单量减少现象，无论是对于交易系统的后台记录还是佣金量都会带来负面影响，甚至在某些极端退货情况下，电子商务平台还要扮演仲裁的角色，维护交易后期的稳定与顺畅，这些因为退货引发的问题都会给电子商务平台带来额外的负担。同时，电子商务平台也非常明确，作为与对手竞争的重要方式，宽松的退货策略势必能吸引更多的消费者关注平台旗下的商品，所以尽管有所损失，但提供退货支持也成为电子商务平台运营的必要措施。

不同电子商务平台对于退货引起的退货运费，运费承担者是不同的。某些平台旗下零售商会承担往返运费，某些平台则是消费者自行承担退货运费。理论上，依据多数电子商务平台的要求，当商品质量存在问题时，退货运费由在线零售商承担，当因商品描述不符合消费者预期等问题申请退货时，运费则由消费者自行承担。但是，实践中在线零售商与消费者谁来承担退货运费依旧会产生争执，主要是很多情况下究竟是不是商品质量问题区分度并不清晰，买卖双方既产生纠纷又浪费时间。针对这一纠纷问题，2011 年电子商务平台阿里巴巴集团联合华泰保险有限公司开发出了一款新型险种——退货运费险（简称退运险），专门针对消费者在线购物申请退货时对退运费进行理赔[3]。该险种要求投保人在消费者购物的同时自愿进行投保。投保后，在收货后一定期限内（一般 7~14 天）如果消费者不申请退货，承保人保险公司盈利且无须理赔；当消费者收货后并且在规定期限内申请退货，保险公司则需补偿被保险人消费者退货运费损失。起初，退货运费险的保费被固定的设为 0.5 元，赔偿金固定为 10 元[3]。该险种常见的投保人为消费者本人、在线零售商或者电子商务平台。退货运费险这种“小而美”的互联网金融应用典范，给消费者带来了益处的同时，也给保险公司、零售商以及电子商务平台带来了相应的问题。

对于保险公司而言，开发退货运费险这一款新险种，解决了在线零售商与消费者谁来承担退货运费这一争执问题，然而保险公司不是慈善机构。发现电商痛点，解决实际问题确实非常关键，但最主要的目的是通过这一创新型险种来盈利。

最初 0.5 元保费，10 元赔偿金的设计，消费者投保量接近 100%，赔偿退货运费占收入的比率则高达 120%，保险公司不但不盈利甚至亏损；后续保险公司将保费调整为 2.5 元，赔偿金依旧是 10 元，赔偿退货运费率占收入的 80%，保险公司开始盈利。但这一盈利状况是否满足盈利最大化的需求，保险公司并不清楚，尤其是这款保险的设计围绕的是线上交易，保险的定价却并没有充分融合电子商务的独有特质去设计。如果考虑在线产品评论这一电子商务的主要特质，就必然使得退货运费险的定价变得更加复杂。保险公司不但需要寻找出传统的线下特质与线上特质的异同点，而且需要对在线产品评论有更深层的理解，发现并将在线产品评论中与退货相关的关键要素提取出来，与传统线下保险的考虑因素进行比较，寻找其与传统线下要素对于保险利润的不同作用，然后将新因素融入保险公司利润最大化的求解过程中去，再进行求解并应用。

退货运费险定价虽然不高，却有着高频率投保、高效理赔、增速迅猛等优良特征，是中国电子商务从业人士在保险领域的独特创新。本章主要研究保险公司退货运费险定价的特质，整合在线评论要素，构建利润最大化模型，为运费险的定价策略管理提供理论证据和实践指导。

5.2 退货运费险与在线评论

随着退货运费险的引入，消费者在线购物时，除了要做出商品的购买决策，还需要再决定是否投保退货运费险。在线浏览挑选商品时，消费者对某产品能否满足自己的需求会有一定的判断，如果不能非常确定该商品是否适合自己但被商品的某个属性吸引想要购买，那么对于商品退货的可能性也会有所预估。由于在线产品评论的存在，消费者对商品不确定性的判断是更加明晰的[4, 5]。但基于前景理论，正是因为受到类似在线产品评论的影响，尤其是写评论的消费者对于商品的一些不确定描述，使得后续的有购买需求的消费者感知商品的退货率会被放大甚至扭曲，会认为若购买该商品，之前发生在他人身上的负面影响，也极有可能会出现在自己所购买的商品上，如某些质量缺陷或者商品与自身需求的不一致等，从而产生心理不安。为了减少退货所带来的不必要损失，消费者通常会选择以较小的保险费成本换取退货产生的高额损失。

除了影响消费者的商品退货感知，另外，在线产品评论中的不确定性也可以被保险公司用来预测产品退货的可能性[6]。当产品销量稳定时，商品的不确定性就可以直接用来预测产品退货量。保险销量与产品退货量这两方面与保险公司的收入、支出直接相关，影响其净利润，而这两方面又都可以与在线产品评论结合起来，由此，在线产品评论对于保险公司而言非常关键。

在线产品评论中的不确定性越大意味着产品匹配不确定程度越大。因为需要零售商家承担产品质量问题的退货费用，所以保险公司更关注产品匹配不确定性，而非产品质量不确定性。在线产品评论能提供关于产品质量与匹配程度的信息，这一信息不仅对在线零售商家、消费者、电子商务平台公开，对于保险公司也是公开的。

虽然并不侧重于研究如何将在线产品评论中的不确定性进行提取，但已有的研究中有三种方法可以度量在线产品评论中的不确定性。第一种方法是学者 Edwards 和 Parry 提出的用神经网络响应曲面的方法来测量不确定性[7]；第二种方法是度量商品的“难以度量”程度，主要逻辑是商品越难以度量，其产品匹配不确定性就越高[8]；第三种方法则是调查问卷法，由随机抽取的回答者来回答调查问卷中关于商品不确定性的选项[6, 9]，之后汇总多个回答者的答案综合得出不确定性。

保险的定价设计也包含两个方面：保费与赔偿金，基于在线产品评论保险公司该如何对退货运费险的保费与赔偿金进行合理定价以确保其利润最大化?

5.3 模型建立

在经典的优化问题中，没有对选择变量符号施加明确的约束限制，并且在约束条件中不存在不等式的约束。对于这类问题，相对极值的一阶条件就是拉格朗日函数对于各个变量的一阶偏导数以及拉格朗日乘数为 0。在非线性规划中，存在类似的一阶条件，就是库恩–塔克条件。正如本文所看见的，经典的一阶条件总是必要的，只要某一前提条件得以满足，库恩–塔克条件就是目标优化的充分必要条件[10]。

不等式约束在经济学中是非常重要的，因为通常没有理由强迫消费者或者零售商家将手头的收入或者某些资源一次性全部用完。在求解的过程中，应该考虑将他们全部用完是否是最优的，如果全部用完不是最优的，那么何种情况才是最优？通过扩大了的变量集，约束可以调整成为精确的等式，新变量受到非负约束，这又需要利用拉格朗日函数去处理[11]。

现有的退货运费险保费设计是基于支持向量机方法论的[12]，既没有针对退货运费险赔偿金的厘定，同时也没有解释清楚消费者的投保退货运费险动机等内在的问题，更没有结合电子商务区别于传统线下商业模式的特质。

5.3.1 退货运费险的投保需求模型

当退货运费险保费很低时，多数消费者选择参保，与此同时，如果退货运费险的赔偿金很高，消费者不必担心退货的花费，那么也会有很多人投保。根据前景理论，消费者对于商品退货的预期会受到多方面因素的扭曲，在电子商务情境下这种扭曲更容易被在线产品评论中所体现的产品不确定性影响。鉴于因为产品质量缺陷的退货费用由商家承担，质量不确定性将不会影响消费者的预期，然而产品匹配的不确定性将引起消费者内心的恐慌[6]。显而易见的是，退货运费险的保费应该低于赔偿金（$p<C$），否则消费者不会参保。

尽管退货运费险是一种新的退货政策，但其需求函数仍与之前的退货政策模型相一致[13]。依据学者 Mukhopadhyay 和 Setoputro 提出的假设[14]，退货运费险的需求模型如下：

$$D=g\left(p,C,f\right)，其中 D>0，\ p<C \tag{5.1}$$

退货运费险的需求（D）由保费（p）、赔偿金（C）以及产品匹配不确定性（f）所决定。而且有 $\frac{\partial D}{\partial p}<0$，$\frac{\partial D}{\partial C}>0$，$\frac{\partial D}{\partial f}>0$。即保费越高，投保需求越低；赔偿金越高，投保需求越高；不确定性越大，投保需求越高。退货运费险的需求函数与以往的在线商品评论文献相悖，一般在线产品评论中不确定性越大，在线商品的需求越小，而参保退货运费险却是不确定性越大，需求越强。

不失一般性地，采取在退货政策领域许多学者所采用的线性函数，假设退货运费险的需求函数为线性函数。线性函数的引入使本书得到清晰的最优政策而不是进入无解的复杂情况[14, 15]。退货运费险的需求函数转变为

$$D=\alpha-\beta p+\gamma C+\delta f，其中 D>0，\ p<C \tag{5.2}$$

参数 α、β、γ 和 δ 均大于 0，其解释如下。α 是基本的需求，受商品价格、商品描述以及非本书所探讨的其他经济因素等影响。β 是需求函数对退货运费险保费价格的敏感系数，具体而言，随着保费 p 的增长，对退货运费险的需求会按照 β 的速率下降。γ 是需求函数对退货运费险赔偿金的敏感系数，随着赔偿金 C 的增长，消费者对退货运费险的需求会按照 γ 的速率增长。类似地，需求函数对于在线产品评论中的匹配不确定性按照 δ 的速率增长。

5.3.2 退货预测模型

假设退货后的商品不影响其二次销售，零售商对消费者是全额退款。然而，

如果消费者收到的商品不符合自己的需求而申请退货，需要自行承担商品的退货运费。在本书的研究模型中，保险公司允许参保的消费者先行垫付商品的退货运费，之后会给予价格为 C 的赔偿金。这一政策一方面会鼓励消费者参保［参见式（5.2）］，另一方面也会使得更多的消费者申请退货。保险公司不可能了解所有在线商品的各类属性。幸运的是，公开的在线产品评论可以提供产品的不确定性，这类产品的不确定性与消费者的退货行为相关[6, 16]。由于在线零售商自行承担因为产品质量引起的退货费用，保险公司更关注产品匹配不确定性。使得退货的预测模型为

$$R=\phi+\psi C+\mu f\text{，其中 }0<R\leqslant D \tag{5.3}$$

其中，R 是消费者退货量。参数 $\psi>0$ 是退货量对于赔偿金 C 的敏感系数，意味着更多的消费者以更低的成本退货。参数 $\mu>0$ 是退货量对于产品匹配不确定性的敏感系数，而参数 $\phi>0$ 是基于非赔偿金和产品匹配不确定性的其他因素，如历史退货记录或者商品价格。与退货运费险的需求模型相似，对于退货量的预测也直接采用线性模型以确保 $\dfrac{\partial R}{\partial C}>0$ 和 $\dfrac{\partial R}{\partial f}>0$，即赔偿金越大，在线商品的退货量也越大；不确定性越高，退货量也越大。

5.3.3　退货运费险利润模型

保险公司的利润函数是

$$\pi=pD(p,C,f)-CR(C,f)\text{，其中，}0<R\leqslant D\text{，}p<C \tag{5.4}$$

其中，pD 是保险公司针对某一款商品以保费 p 出售退货运费险而引发保险销量 D 的总收入，类似地，CR 是保险公司针对某一商品的总赔偿金额。

将式（5.2）、式（5.3）依次代入式（5.4），得到了基于保费 p 与赔偿金 C，以及各敏感系数的利润函数表达式：

$$\pi=p(\alpha-\beta p+\gamma C+\delta f)-C(\phi+\psi C+\mu f)\text{，其中，}0<R\leqslant D\text{，}p<C \tag{5.5}$$

从式（5.5）可以看出，保费 p 与赔偿金 C 的变化都将影响保险公司的利润，而且这种变化并不直观。因此，保险公司需要确定最优的保费与赔偿金以确保其自身利润最大化。表 5.1 列出了模型所需各参数。

表5.1　符号参数

符号	定义
p	退货运费险的保费
C	退货运费险的赔偿金

续表

符号	定义
r	消费者的退货成本
f	在线产品评论中的产品匹配不确定性
r	基础的保险需求
β	退货运费险的投保需求对保费的敏感系数
γ	退货运费险的投保需求对赔偿金的敏感系数
δ	退货运费险的投保需求对产品匹配不确定性的敏感系数
ϕ	基本退货量
ψ	投保后的退货量对赔偿金的敏感系数
μ	投保后的退货量对产品匹配不确定性的敏感系数

5.4 定价策略设计

利用已有模型及其最优条件，本节得出一系列关于保费与赔偿金的退货运费险最优定价的命题。为了获取使得利润最大的保险定价策略，需要使得退货运费险的利润函数是凹的，才能使得其一阶导数条件下给出最大值。这引出了命题 5.1。

命题 5.1 当且仅当 $4\beta\psi-\gamma^2>0$ 时，式（5.5）退货运费险的利润函数是凹的并且能有最大值。

在命题 5.2 中，将给出退货运费险的决策变量保费 p 和赔偿金 C 的解析解。

命题 5.2 在命题 5.1 的条件 $4\beta\psi-\gamma^2>0$ 下，最优的退货运费险定价策略如下：

当 $\dfrac{\alpha\gamma-2\beta\phi-2\beta\mu f+\gamma\delta f}{4\beta\psi-\gamma^2}\geqslant r$ 时，

$$\text{最优保费 } p^*=\frac{\alpha+\gamma r+\delta f}{2\beta} \tag{5.6}$$

$$\text{最优赔偿金 } C^*=r \tag{5.7}$$

当 $\dfrac{\alpha\gamma-2\beta\phi-2\beta\mu f+\gamma\delta f}{4\beta\psi-\gamma^2}<r$ 时，

$$\text{最优保费 } p^*=\frac{2\alpha\psi-\gamma\phi-\gamma\mu f+2\delta\psi f}{4\beta\psi-\gamma^2} \tag{5.8}$$

$$\text{最优赔偿金 } C^*=\frac{\alpha\gamma-2\beta\phi-2\beta\mu f+\gamma\delta f}{4\beta\psi-\gamma^2} \tag{5.9}$$

道德风险始终伴随着保险的定价问题[17~19]。对于退货运费险也并不例外，一些消费者会选择骗取赔偿金[12]。很明显，一旦退货运费险的赔偿金额超过了消费者真实的退货费用，一些骗保人就会利用这个漏洞赚取赔偿金与退货成本之间的差价甚至拒绝收货直接骗取赔偿金。所以，比较全局最优的赔偿金 $\frac{\alpha\gamma-2\beta\phi-2\beta\mu f+\gamma\delta f}{4\beta\psi-\gamma^2}$ 与真实退货成本 r 的大小，以规避道德风险的出现，最优的赔偿金不能超过消费者真实的退货成本。

为了使保险公司利润最大化，结合各敏感系数，命题 5.2 给出了退货运费险的最优定价策略。命题 5.3 中，本书给出了在求解保险公司利润最大化的过程中，产品匹配不确定性 f 可能的范围。

考虑退货运费险可能会面临骗取赔偿金差额的道德风险问题，并将命题 5.2 求得的最优定价策略代入式（5.5）的约束条件，可以得到如下产品匹配不确定性 f 的边界：

考虑道德风险 $\frac{\alpha\gamma-2\beta\phi-2\beta\mu f+\gamma\delta f}{4\beta\psi-\gamma^2}=r$，得到 $f_0=\frac{\left(4\beta\psi-\gamma^2\right)r-\alpha\gamma+2\beta\phi}{\gamma\delta-2\beta\mu}$；

将式（5.6）和式（5.7）代入式（5.5），$D>0$ 恒成立；

由 $R=D$，得到 $f_1=\frac{(2\phi-\alpha)+(2\psi-\gamma)r}{\delta-2\mu}$；

由 $p=C$，得到 $f_2=\frac{(2\beta-\gamma)r-\alpha}{\delta}$。

将式（5.8）和式（5.9）代入式（5.5），

由 $D=0$，得到 $f_3=\frac{\gamma^2\phi-\alpha\gamma\psi-2\beta\phi\psi}{2\beta\mu\psi-\gamma^2\mu+\gamma\delta\psi}$；

由 $R=D$，得到 $f_4=\frac{\alpha\psi(2\beta-\gamma)-\beta\phi(2\psi+\gamma)+\gamma^2\phi}{\beta\mu(2\psi+\gamma)-\delta\psi(2\beta-\gamma)-\gamma^2\mu}$；

由 $p=C$，得到 $f_5=\frac{(\gamma-2\psi)\alpha+(\gamma-2\beta)\phi}{(2\beta-\gamma)\mu+(2\psi-\gamma)\delta}$。

为确定产品匹配不确定性 f 的大小，需比较 f_0、f_1、f_2、f_3、f_4 及 f_5 之间的关系，由式（5.10）~式（5.23）需要考虑：

$$\delta-2\mu \tag{5.10}$$

$$\gamma\delta-2\beta\mu \tag{5.11}$$

$$2\beta\mu\psi-\gamma^2\mu+\gamma\delta\psi \tag{5.12}$$

$$\beta\mu(2\psi+\gamma)-\delta\psi(2\beta-\gamma)-\gamma^2\mu \tag{5.13}$$

$$(2\beta-\gamma)\mu+(2\psi-\gamma)\delta \tag{5.14}$$

$$(\beta-\gamma)(\alpha\mu-\delta\phi)-\left[\delta\psi(2\beta-\gamma)-\gamma\mu(\beta-\gamma)-2\beta\mu\psi\right]r \tag{5.15}$$

$$\alpha\mu-\delta\phi+\left[\delta(\beta-\psi)-\mu(2\beta-\gamma)\right]r \tag{5.16}$$

$$\alpha\mu-\delta\phi-\left[\delta(2\psi-\gamma)+\mu(\beta-\gamma)\right]r \tag{5.17}$$

$$\gamma(\alpha\mu-\delta\phi)-\left(2\beta\mu\psi-\gamma^2\mu+\gamma\delta\psi\right)r \tag{5.18}$$

$$\alpha\mu-\delta\phi-\left[(2\beta-\gamma)\mu+(2\psi-\gamma)\delta\right]r \tag{5.19}$$

$$(\beta-\gamma)(\alpha\mu-\delta\phi)+\left[\beta\mu(2\psi+\gamma)-\delta\psi(2\beta-\gamma)-\gamma^2\mu\right]r \tag{5.20}$$

$$\alpha\mu-\delta\phi \tag{5.21}$$

$$(\gamma-\psi)(\alpha\mu-\delta\phi) \tag{5.22}$$

$$(\beta-\gamma+\psi)(\alpha\mu-\delta\phi) \tag{5.23}$$

依据式（5.10）~式（5.23）的大小关系比较，得出产品匹配不确定性 f 的区间如命题 5.3 所示。

命题 5.3　为了确保最优的保险定价策略存在，在线产品评论中的匹配不确定性 f 可以分为 132 种情况。

在情况 1~12 中，全局最优的赔偿金额超过了消费者真实的退货运费，为了避免骗取赔偿金差价这类道德风险发生，赔偿金被限制为消费者的实际退货运费，如式（5.7）所示。

在情况 13~132 中，因为求解的全局最优的赔偿金额式（5.9）不会超过消费者的实际退货费用，骗取退货运费险赔偿金的道德风险不会发生。所要考虑的约束条件是退货运费险的投保需求必须大于退货量，退货量不能小于 0，还有退货运费险的保费必须小于赔偿金，如式（5.4）、式（5.5）所示。

本书还分析了敏感系数变化对最优退货运费险定价策略的影响，目的是基于退货运费险策略去制定管理策略。先分析产品匹配不确定性 f 的变化。

命题 5.4　当全局最优的赔偿金比真实退货运费高时，随着产品匹配不确定性 f 增加，保险公司提供退货运费险时需更高额的保费和固定的赔偿金；当全局最优的赔偿金低于真实退货运费时，随着产品匹配不确定性 f 增加，保险公司提供退货运费险时保费和赔偿金的增减还由退货运费险的投保需求对产品匹配不确定性的敏感系数 δ 共同决定。

当 $\dfrac{\alpha\gamma-2\beta\phi-2\beta\mu f+\gamma\delta f}{4\beta\psi-\gamma^2}<r$ 时，

$$\begin{cases}\dfrac{\partial p^*}{\partial f}<0,\dfrac{\partial C^*}{\partial f}<0,\text{if } \delta<\dfrac{\gamma\mu}{2\psi}\\ \dfrac{\partial p^*}{\partial f}\geqslant 0,\dfrac{\partial C^*}{\partial f}<0,\text{if } \dfrac{\gamma\mu}{2\psi}\leqslant\delta<\dfrac{2\beta\mu}{\gamma}\\ \dfrac{\partial p^*}{\partial f}>0,\dfrac{\partial C^*}{\partial f}\geqslant 0,\text{if } \delta\geqslant\dfrac{2\beta\mu}{\gamma}\end{cases}$$

当 $\frac{\alpha\gamma-2\beta\phi-2\beta\mu f+\gamma\delta f}{4\beta\psi-\gamma^2}\geqslant r$ 时，$\frac{\partial p^*}{\partial f}>0$，$\frac{\partial C^*}{\partial f}=0$。

由命题 5.2、命题 5.3 以及命题 5.4 可见，预测退货运费险是否能引发骗取退货运费险赔偿金的道德风险并不困难。有了在线产品评论的协助，这个问题可以通过求解 $\frac{\alpha\gamma-2\beta\phi-2\beta\mu f+\gamma\delta f}{4\beta\psi-\gamma^2}=r$，得到产品匹配不确定性的阈值 f_0。

一旦 $\gamma\delta-2\beta\mu>0$，而且产品匹配不确定性低于阈值 f_0，那些与产品不确定性相关的在线产品，保险公司不能总是提供高额的保费和高额的赔偿金。当消费者对产品匹配不确定性敏感度低时，高产品匹配不确定性会引发高的退货数量，保险公司会提供高额的赔偿金也会引发高的退货数量。为了确保盈利，高产品匹配不确定性时，提供退货运费险的保险公司通过低保费、低赔偿金限制退货数量。

将这一发现引入保险行业。风险厌恶型的消费者，是潜在的保险投保人，考虑一款有着高匹配不确定性的在线产品，如果保险公司提供低额保费的退货运费险，会引发高的投保需求。在线产品评论的效价（正面或负面评论）会影响产品的销量，而在线评论中的产品不确定性与产品退货量相关[7]。保险公司对于在线评论的关注点应该是不确定性，而不是效价。有趣的管理启示是，对于高的产品匹配不确定性，保险公司可能会更喜欢，因为能刺激保险销量增加利润。接下来，分析对产品匹配不确定性的敏感系数 δ 和 μ。

5.5　敏感性分析

上述各个命题结论，除了受产品匹配不确定性的影响，还受模型中的其他敏感系数所影响。因此，本节将研究 5.4 节中一系列命题结论，反映随参数的变化退货运费险的最优定价策略将如何变化。先分析投保需求以及退货量对产品匹配不确定性的敏感系数 δ 和 μ。

命题 5.5　退货运费险市场中，当全局最优的赔偿金超过消费者真实退货运费 r 时，随着消费者投保需求对产品匹配不确定性的敏感系数 δ 的增长（增加 δ），保险公司将增加保费，固定赔偿金；当全局最优的赔偿金未超过消费者真实退货运费 r 时，随着消费者投保需求对产品匹配不确定性的敏感系数 δ 的增长（增加 δ），保险公司将增加保费，增加赔偿金。

当 $\frac{\alpha\gamma-2\beta\phi-2\beta\mu f+\gamma\delta f}{4\beta\psi-\gamma^2}\geqslant r$ 时，$\frac{\partial p^*}{\partial \delta}>0$，$\frac{\partial C^*}{\partial \delta}=0$。

当 $\frac{\alpha\gamma - 2\beta\phi - 2\beta\mu f + \gamma\delta f}{4\beta\psi - \gamma^2} < r$ 时，$\frac{\partial p^*}{\partial \delta} > 0$，$\frac{\partial C^*}{\partial \delta} > 0$。

消费者投保退运费的需求对产品匹配不确定性更敏感时，退货运费险的保费应该更高。对应地，赔偿金也应随着保费的增长而增长，直到可能引发骗取赔偿金差额的道德风险发生。

命题 5.6 在退货运费险的后续服务中，当全局最优的赔偿金超过消费者真实退货运费 r 时，随着退货量对产品匹配不确定性的敏感系数 μ 的增长（增加 μ），保险公司保费设置与 μ 无关，固定赔偿金；当全局最优的赔偿金未超过消费者真实退货运费 r 时，随着消费者投保需求对产品匹配不确定性的敏感系数 μ 的增长（增加 μ），保险公司将减少保费，减少赔偿金。

当 $\frac{\alpha\gamma - 2\beta\phi - 2\beta\mu f + \gamma\delta f}{4\beta\psi - \gamma^2} \geqslant r$ 时，$\frac{\partial p^*}{\partial \mu} = 0$，$\frac{\partial C^*}{\partial \mu} = 0$。

当 $\frac{\alpha\gamma - 2\beta\phi - 2\beta\mu f + \gamma\delta f}{4\beta\psi - \gamma^2} < r$ 时，$\frac{\partial p^*}{\partial \mu} < 0$，$\frac{\partial C^*}{\partial \mu} < 0$。

当退货运费险的赔偿金受限于道德风险，保费是不受退货量对产品匹配不确定性的敏感系数 μ 影响的。当赔偿金随着敏感系数 μ 的增长而减少，保费也相应地减少。

对于两类产品匹配不确定性的敏感系数 δ 和 μ，命题 5.5 与命题 5.6 给出的结论是相反的。实践中，退货运费险的最优定价须在这两类参数之间寻求一种平衡，类似 SVM 方法[4]。同时这两个命题也描述了不同种类的产品对在线评论的依赖程度不同。

命题 5.7 在市场中，当全局最优的赔偿金超过消费者真实退货运费 r 时，随着投保需求对退运险保费的敏感系数 β 的增长（增加 β），保险公司将减少保费，固定赔偿金；当全局最优的赔偿金未超过消费者真实退货运费 r 时，随着投保需求对退运险保费的敏感系数 β 的增长（增加 β），保险公司将减少保费，减少赔偿金。

当 $\frac{\alpha\gamma - 2\beta\phi - 2\beta\mu f + \gamma\delta f}{4\beta\psi - \gamma^2} \geqslant r$ 时，$\frac{\partial p^*}{\partial \beta} < 0$，$\frac{\partial C^*}{\partial \beta} = 0$。

当 $\frac{\alpha\gamma - 2\beta\phi - 2\beta\mu f + \gamma\delta f}{4\beta\psi - \gamma^2} < r$ 时，$\frac{\partial p^*}{\partial \beta} < 0$，$\frac{\partial C^*}{\partial \beta} < 0$。

命题 5.8 在市场中，当全局最优的赔偿金超过消费者真实退货运费 r 时，随着投保需求对退运险赔偿金的敏感系数 γ 的增长（增加 γ），保险公司将提高保费，固定赔偿金；当全局最优的赔偿金未超过消费者真实退货运费 r 时，随着投保需求对退运险赔偿金的敏感系数 γ 的增长（增加 γ），保险公司将提高保费，提高赔偿金。

当$\frac{\alpha\gamma-2\beta\phi-2\beta\mu f+\gamma\delta f}{4\beta\psi-\gamma^2}\geqslant r$时，$\frac{\partial p^*}{\partial\gamma}>0$，$\frac{\partial C^*}{\partial\beta}=0$。

当$\frac{\alpha\gamma-2\beta\phi-2\beta\mu f+\gamma\delta f}{4\beta\psi-\gamma^2}<r$时，$\frac{\partial p^*}{\partial\gamma}>0$，$\frac{\partial C^*}{\partial\gamma}>0$。

命题 5.9　在退货运费险的后续服务中，当全局最优的赔偿金超过消费者真实退货运费 r 时，随着退货量对退运险赔偿金的敏感系数 ψ 的增长（增加 ψ），保险公司保费设置与 μ 无关，固定赔偿金；当全局最优的赔偿金未超过消费者真实退货运费 r 时，随着消费者投保需求对退运险赔偿金的敏感系数 ψ 的增长（增加 ψ），保险公司将减少保费，减少赔偿金。

当$\frac{\alpha\gamma-2\beta\phi-2\beta\mu f+\gamma\delta f}{4\beta\psi-\gamma^2}\geqslant r$时，$\frac{\partial p^*}{\partial\psi}=0$，$\frac{\partial C^*}{\partial\psi}=0$。

当$\frac{\alpha\gamma-2\beta\phi-2\beta\mu f+\gamma\delta f}{4\beta\psi-\gamma^2}<r$时，$\frac{\partial p^*}{\partial\psi}<0$，$\frac{\partial C^*}{\partial\psi}<0$。

命题 5.7~命题 5.9 衡量了传统保险需求与退货量的关系。与传统情况不同的是，这些命题还将退货运费险与产品匹配不确定性相结合以确保盈利最大化。

命题 5.4~命题 5.9 中，全局最优的退货运费险赔偿金与真实的退货运费之间的比较，可以转化成产品匹配不确定性 f 与阈值 f_0 的比较，这使得保险公司利用在线产品评论变得更加容易且具体。

5.6　模型验证

通过最优化方法求解退货运费险的定价策略，5.4 节分析得出了保费与赔偿金解析解的形式。本节基于给定数字，验证了前述解析解的具体情形。该组仿真的数据尽可能地贴近于实际的情况。为了一系列数据的仿真，本节选取有代表性的数据：其中 $\alpha=16$，$\beta=10$，$\gamma=5$，$\delta=6.67$，$\phi=0$，$\psi=0.7$，$\mu=26.67$，$f=0.1$，$C_0=r=10$，并使用软件 Microsoft Office Excel 2013 辅助计算。

1）产品不确定性变化对利润的影响

本节中分析产品匹配不确定性的变化对于保险公司利润的影响，表 5.2、表 5.3 展示了利润随不确定性的增长而变化。有趣的是，表 5.3 展示了保险公司对于不确定性的增长并不排斥甚至有所偏爱。

表5.2　产品匹配不确定性变化的结果（$\delta=6.67$）

产品匹配不确定性	保费	赔偿金	需求	退货量	利润
0.05	3.32	10.00	33.17	8.33	26.67

续表

产品匹配不确定性	保费	赔偿金	需求	退货量	利润
0.06	3.32	10.00	33.20	8.60	24.22
0.07	3.32	10.00	33.23	8.87	21.78
0.08	3.33	10.00	33.27	9.13	19.33
0.09	3.33	10.00	33.30	9.40	16.89
0.10	3.33	10.00	33.33	9.67	14.44
0.11	2.92	8.33	29.20	8.77	12.21
0.12	2.51	6.66	25.06	7.87	10.39
0.13	2.09	5.00	20.93	6.97	8.99
0.14	1.68	3.33	16.79	6.07	8.00
0.15	1.27	1.66	12.66	5.17	7.43

表5.3　产品匹配不确定性变化的结果（ $\delta=100$ ）

产品匹配不确定性	保费	赔偿金	需求	退货量	利润
0.05	3.55	10.00	35.50	8.33	42.69
0.06	3.60	10.00	36.00	8.60	43.60
0.07	3.65	10.00	36.50	8.87	44.56
0.08	3.70	10.00	37.00	9.13	45.56
0.09	3.75	10.00	37.50	9.40	46.62
0.10	3.80	10.00	38.00	9.67	47.73
0.11	3.85	10.00	38.50	9.93	48.89
0.12	3.90	10.00	39.00	10.20	50.10
0.13	3.95	10.00	39.50	10.47	51.35
0.14	4.00	10.00	40.00	10.73	52.66
0.15	4.05	10.00	40.50	11.00	54.02

2）不确定性敏感系数的变化对利润的影响

对于退货运费险需求的产品匹配不确定性敏感系数对保险的定价有直接的影响，表 5.4 展示了这一结果。结果显示，当保险需求对于产品匹配不确定性非常敏感时，保险公司对于保费的定价应当提高，同时赔偿金也应适当提高刺激销量，此种情境下，消费者对于退货策略应格外注重。表 5.4 的结果与命题 5.5 相一致。

表5.4　投保需求对产品匹配不确定性敏感系数变化的结果

投保需求对不确定性敏感系数	保费	赔偿金	需求	退货量	利润
6.00	3.30	9.89	33.02	9.59	14.22
6.10	3.31	9.90	33.06	9.60	14.25
6.20	3.31	9.92	33.11	9.61	14.29
6.30	3.32	9.94	33.16	9.62	14.32
6.40	3.32	9.95	33.20	9.63	14.35
6.50	3.33	9.97	33.25	9.65	14.39
6.60	3.33	9.99	33.30	9.66	14.42
6.70	3.33	10.00	33.34	9.67	14.45
6.80	3.33	10.00	33.34	9.67	14.49
6.90	3.33	10.00	33.35	9.67	14.52
7.00	3.34	10.00	33.35	9.67	14.55

此外，退货量对于产品匹配不确定性的敏感系数对退货运费险的定价也有直接影响，表 5.5 展示了这一结果。结果显示，当退货量对产品匹配不确定性非常敏感时，保险公司对于保费的定价应降低，同时减少赔偿金以降低退货量。数字验证的结果与命题 5.6 相一致。

表5.5　退货量对产品匹配不确定性敏感系数变化的结果

退货量对不确定性敏感系数	保费	赔偿金	需求	退货量	利润
26.00	3.33	10.00	33.33	9.60	15.11
26.10	3.33	10.00	33.33	9.61	15.01
26.20	3.33	10.00	33.33	9.62	14.91
26.30	3.33	10.00	33.33	9.63	14.81
26.40	3.33	10.00	33.33	9.64	14.71
26.50	3.33	10.00	33.33	9.65	14.61
26.60	3.33	10.00	33.33	9.66	14.51
26.70	3.33	9.98	33.28	9.65	14.41
26.80	3.31	9.91	33.11	9.62	14.31
26.90	3.29	9.85	32.95	9.58	14.21
27.00	3.28	9.78	32.78	9.54	14.12

不难发现，表 5.4 与表 5.5 的结果是相互矛盾对立的，保险公司对于退货运费险的定价应在这一矛盾中寻找平衡。这也要求保险公司对于产品匹配不确定性的衡量非常精准。

3）退货运费价格敏感系数的变化对利润的影响

投保需求函数对于退货运费险保费的敏感系数对退货运费险保费的定价有直

接的影响，表 5.6 展示了这一结果。结果表明，当需求函数对于退货运费险保费的敏感系数不是很高时，保险公司应适当地提升保费，此情境下，消费者不会过分关注定价策略，与此同时，相对高的保费并不会使得投保需求下降。表 5.6 数字验证的结果与命题 5.7 相一致。

表5.6　投保需求对保费敏感系数变化的结果

投保需求对保费敏感系数	保费	赔偿金	需求	退货量	利润
9.50	3.51	10.00	33.33	9.67	20.29
9.60	3.47	10.00	33.33	9.67	19.07
9.70	3.44	10.00	33.33	9.67	17.88
9.80	3.40	10.00	33.33	9.67	16.71
9.90	3.37	10.00	33.33	9.67	15.56
10.00	3.33	10.00	33.33	9.67	14.44
10.10	3.05	8.98	30.79	8.95	13.43
10.20	2.81	8.13	28.65	8.36	12.57
10.30	2.60	7.39	26.82	7.84	11.84
10.40	2.43	6.76	25.24	7.40	11.21
10.50	2.27	6.21	23.86	7.01	10.66

投保需求函数对于退货运费险赔偿金的敏感系数对退货运费险赔偿金的定价有直接的影响，表 5.7 展示了这一结果。结果表明，当需求函数对于退货运费险赔偿金的敏感系数相对高时，保险公司应适当地提升赔偿金，此情境下，消费者会关注退运险定价策略。表 5.7 数字验证的结果与命题 5.8 相一致。

表5.7　投保需求对赔偿金敏感系数变化的结果

投保需求对赔偿金敏感系数	保费	赔偿金	需求	退货量	利润
4.20	1.17	1.61	11.71	3.79	7.61
4.30	1.25	1.93	12.48	4.02	7.83
4.40	1.34	2.31	13.42	4.29	8.10
4.50	1.46	2.80	14.62	4.62	8.46
4.60	1.62	3.41	16.18	5.05	8.93
4.70	1.83	4.23	18.27	5.63	9.59
4.80	2.12	5.38	21.23	6.43	10.53
4.90	2.57	7.10	25.73	7.64	11.97
5.00	3.33	10.00	33.33	9.67	14.44
5.10	3.38	10.00	33.83	9.67	17.80
5.20	3.43	10.00	34.33	9.67	21.21

退货量函数对于退货运费险赔偿金的敏感系数对退货运费险赔偿金的定价有

直接的影响，表 5.8 展示了这一结果。结果表明，当退货量函数对于退货运费险赔偿金的敏感系数相对高时，保险公司应适当地降低赔偿金，此情境下，消费者会过分关注退运险定价策略。表 5.8 数字验证的结果与命题 5.9 相一致。

表5.8　退货量对赔偿金敏感系数变化的结果

退货量对赔偿金敏感系数	保费	赔偿金	需求	退货量	利润
0.65	3.33	10.00	33.33	9.17	19.44
0.66	3.33	10.00	33.33	9.27	18.44
0.67	3.33	10.00	33.33	9.37	17.44
0.68	3.33	10.00	33.33	9.47	16.44
0.69	3.33	10.00	33.33	9.57	15.44
0.70	3.33	10.00	33.33	9.67	14.44
0.71	3.04	8.82	30.39	8.93	13.56
0.72	2.81	7.89	28.07	8.35	12.86
0.73	2.62	7.14	26.19	7.88	12.30
0.74	2.46	6.52	24.64	7.49	11.83
0.75	2.33	6.00	23.33	7.17	11.44

5.7　研究结论与启示

对于在线消费者，想获取完整的退货服务并不容易，与在线购物紧密联系的退货运费险的出台，解决了消费者的这一困扰。因为在线商品的不同，以及不同商品退货率的不同，保险公司想获取商品的退货量并不容易，使得退货运费险的利润分析变得更为复杂。本书在退货运费险的定价研究中通过引入在线产品评论解决了这一难题。在在线产品评论中不确定性越高，投保越多的条件下，将保费与赔偿金结合，寻取最优解，并找寻这两个定价的决策变量相互之间的内生关系。作为一项宽松且经济上可行的退货策略，退货运费险的出现也是具有创新性的。此外，另一项创新的发现是厘清保险公司利润与在线评论中产品不确定性之间的关系。模型分析了退货运费险保费与赔偿金对于保险需求、退货数量及利润的影响，同时还探讨了退货运费险运作层面的相关事宜。

本书构建的模型主要权衡的是低额的保费与高额的赔偿金如何能使得保险公司收入增加。通过计算得到了决策变量保费与赔偿金的解析解形式，本书重点是厘清决策变量与在线产品评论间的关系，而不是获得决策变量的真实值。通过解析解与数值分析，本书展示了一系列的关于保险设计人员如何设计市场营销以及运营参数使得保险公司效益能够最佳。

研究结论有诸多管理启示。一方面，保险公司可以利用在线产品评论发现骗取差额运费的道德风险发生的可能性。一旦产品不确定性超过了某个阈值，退货运费险的赔偿金就被固定设定为消费者真实的退货运费，此时意味着只有保费的大小与产品不确定性相关。现实的电子商务中，经常可以发现退货运费险的赔偿金被固定为消费者的真实退货运费，可见保险公司的运作与本书的指示是一致的，同时本书为其具体执行提供了更为充实的理论依据和参考标准。当产品不确定性没有超过阈值时，退货运费险的定价策略依据消费者的投保需求对产品不确定性的敏感系数不同而有所区别。有趣的是，当这一敏感系数适中的时候，退货运费险的保费随着产品不确定性的增长而增加，然而赔偿金随着不确定性的增长而减小。另一方面，缺乏网络购物经验的消费者可以通过退货运费险的赔偿金来预估在线产品的不确定性，而不是保费。一旦退货运费险的赔偿金被固定为真实的退货运费，产品的不确定性相对较高，消费者做购物决策的时候需格外谨慎。

5.8 小　结

保险公司针对电子商务开发的新险种——退货运费险，旨在解决在线买卖双方的退货责任纠纷，并且获取盈利。本章主要研究保险公司退货运费险定价的特质，电子商务与传统线下模式最大的区别之一在于产品评论的公开性与易获取性，因此退货运费险定价与在线产品评论的关系即本书关注的重点。保险定价包含退货运费险的保费与赔偿金两部分。基于退货模型，本书将保险保费、赔偿金与保险利润结合起来，并且融入了在线产品评论中的不确定性。在该险种利润模型构建的过程中，通过分别建立退货运费险的需求函数以及商品退货量函数，将在线产品评论与保险公司的运营行为联系起来。考虑退货运费险的现实约束，通过对保费以及赔偿金的求解，找到了保险定价与在线产品评论中商品不确定性的联系，并且进行了参数分析，数值计算等工作。研究结果表明，对于保险公司，除了退货运费险的保费，赔偿金的设计也尤为重要，二者与商品不确定性相关；对于消费者，因为赔偿金的设计存在与商品不确定性相关的约束条件，消费者可以通过观察不同商品的不同退货运费险赔偿金，更容易预测商品不确定性的大小。

参考文献

[1] Banjo S. 2013-12-23. Rampant returns plague e-retailers[EB/OL]. The Wall Street Journal 2013. The Wall Street Journal in Commerce.

[2] 艾瑞咨询. “退货潮”来袭 揭开“双十一”虚假繁荣[EB/OL]. http://column.iresearch.cn/b/201511/752568.shtml，2015-11-20.

[3] 杨爽. 顾客价值理论与网购退货运费险分析[J]. 保险职业学院学报，2012，3（26）：21-23.

[4] Chen Y，Xie J. Online consumer review：word-of-mouth as a new element of marketing communication mix[J]. Management Science，2008，54（3）：477-491.

[5] Gu B，Ye Q. First step in social media：measuring the influence of online management responses on customer satisfaction[J]. Production and Operations Management，2014，23（4）：570-582.

[6] Hong Y K，Pavlou P A. Product fit uncertainty in online markets：nature，effects，and antecedents[J]. Information Systems Research，2014，25（2）：328-344.

[7] Edwards J R，Parry M E. On the use of polynomial regression equations as an alternative to difference scores in organizational research[J]. Academy of Management Journal，1993，36（6）：1577-1613.

[8] Kim Y，Krishnan R. On product-level uncertainty and online purchase behavior：an empirical analysis[J]. Management Science，2015，61（10）：2449-2467.

[9] Dimoka A，Hong Y，Pavlou P A. On product uncertainty in online markets：theory and evidence[J]. MIS Quarterly，2012，36（10）：1-32.

[10] Aplha C，Chiang K W. Fundamental Methods of Mathematical Economics[M]. Peking：McGraw-Hill Companies，Inc，2005.

[11] Dixit A K. Optimization in Economic Theory[M]. Oxford：Oxford University Press，1990.

[12] 张梅梅，胡宏伟. 基于 SVM 的退运险价格模型研究——以淘宝网为例[J]. 软科学，2013，7：128-132.

[13] Li Y，Xu L，Li D. Examining relationships between the return policy，product quality，and pricing strategy in online direct selling[J]. International Journal of Production Economics，2013，144（2）：451-460.

[14] Mukhopadhyay S K，Setoputro R. Optimal return policy and modular design for build-to-order products[J]. Journal of Operations Management，2005，23（5）：496-506.

[15] Tsay A A，Agrawal N. Channel dynamics under price and service competition[J]. Manufacturing & Service Operations Management，2000，2（4）：372-391.

[16] Kwark Y，Chen J，Raghunathan S. Online product reviews：implications for retailers and competing manufacturers[J]. Information Systems Research，2014，25（1）：93-110.

[17] Keane M，Stavrunova O. Adverse selection，moral hazard and the demand for medigap insurance[J]. Journal of Econometrics，2016，190（1）：62-78.

[18] Zhang D，Cai J，Dickinson D G，et al. Non-performing loans，moral hazard and regulation of the Chinese commercial banking system[J]. Journal of Banking & Finance，2016，63（2）：48-60.

[19] Lutz N A. Warranties as signals under consumer moral hazard[J]. The RAND Journal of Economics，1989，20（2）：239-255.

第6章　网络购物节中消费者决策过程的性别差异

受到社交营销的影响，近年来网络购物节的日销售额和消费者参与程度逐年增长。了解网络购物节期间消费者决策特征也成为社会化商务研究的重要议题。目前，对网络购物节期间消费者行为的研究主要关注消费者的购买动机和满意度等方面，忽略了消费者决策过程的多阶段性，以及缺乏基于消费者特征的购买决策的差异分析。基于大样本点击流数据，从消费者决策过程的多阶段行为出发，揭示网络购物节的影响，弥补了问卷研究的局限性，更加客观而又全面地反映消费者决策过程。对消费者决策的性别差异以及不同年龄段消费者性别差异的特殊关注，扩充了消费者性别差异的研究，并强调了市场细分问题。研究结论对商家在网络购物节期间基于目标客户特征制定针对性的营销策略具有指导意义。由于网络购物节期间，女性消费者购买需求的增加高于男性，更容易发生囤货行为，商家可针对女性消费者购买偏好，确定促销商品品类及促销力度。而且网络购物节期间性别的调节作用更强，强调了网络购物节期间进行市场细分的重要性。

6.1　问题概述

网络购物节已然成为电商行业的年度盛事。自2009年天猫首创“双十一”购物节取得显著成果以来，各大电商平台纷纷加入网络购物节中，包括“京东618”和“苏宁616”等。2017年，“双十一”全天交易额超过1 682亿元，交易用户覆盖200多个国家和地区，其日交易额同比增长39.3%，超过网络零售整体交易额的增长率（32.2%）[1]。因此，消费者在网络购物节期间的购买需求明显高于平时，网络购物节成为商家获取收益的重要时机，了解购物节期间的消费者行为具有重要的现实意义。

网络购物节期间，商家制定多样化的营销策略以获取更多收益。受此影响，消费者的购买决策发生动态变化。因此，了解网络购物节期间消费者的购买决策行为对商家来说至关重要。已有研究大多侧重于分析网络购物节消费者购买过程中的动机和满意度等方面[2~4]，而针对消费者购买行为的研究也主要分析是否购买或购买数量，缺乏对消费者决策过程分阶段行为的整体研究，忽略了消费者决策的多阶段性。而且，主要在整体层面展开，缺乏基于消费者特征的差异分析。就消费者特征而言，性别是市场细分的重要依据[5]，不同性别消费者的信息处理、风险感知、购买态度等不尽相同[6~8]，故而网络购物节对消费者决策的影响存在性别差异。

在大数据时代背景下，点击流数据作为一种独特的数据形式被越来越多的研究者使用[9]。从 Web 日志文件中获取的点击流数据记录了用户的网上浏览行为，可用于管理电子商务与其用户之间的关系[10]。目前，许多企业和学者都致力于通过点击流数据分析来发现用户的网站访问以及购买行为规律[11, 12]。点击流从用户的角度出发，注重用户浏览网站的整个流程，其数据特点与消费者购买决策过程贴合，为研究消费者网上购物时真实的购买决策提供了新的数据支撑[13, 14]。已有研究广泛采用问卷调研法，而较少采用点击流数据。本书基于天猫“双十一”的大样本日志数据，探讨网络购物节对消费者决策过程中不同阶段行为的影响，基于消费者特征进行细分，分析网络购物节影响作用的差异，并比较平时以及网络购物节期间消费者决策过程中的信息处理行为对购买决定的影响。

消费者的购买决策过程不单局限于最终的购买决定，还包括购买前期的商品信息搜集、对比评估等行为。消费者决策过程分为需求认知（need recognition）、信息搜集、方案评估、购买决定和购后感受（post-purchase）五个阶段[15]。其中，信息搜集、方案评估和购买决定是消费者决策过程的三个核心阶段[16]。本书主要研究网络购物节期间消费者决策过程中不同阶段行为的特征，具体包含以下研究内容：

（1）网络购物节对消费者购买决策过程中的信息搜集、方案评估、购买决定三个核心阶段的影响作用研究。

（2）网络购物节对消费者决策过程中三个核心阶段行为影响的性别及年龄差异分析。

6.2　网络购物节下的消费者决策与行为

6.2.1　网络购物节

网络购物节不同于传统促销。第一，网络购物节宣传力度、折扣力度、商家和用户的参与程度远远高于普通促销。第二，网络购物节已经发展成为一种文化的交流或节日的庆祝[17]。第三，网络购物节中消费者形成了固定的行为模式[18]。例如，在“双十一”期间消费者会进行抢红包、促销信息整理、商品预选、整点抢等一系列的行动。从最初访问网站了解促销信息，到参与平台推出的“抢红包”等造势活动，再到搜集商品信息并做出购买决策，期间伴随和其他消费者的经验共享。

目前关于网络购物节的研究较少，且主要集中在对消费者恶劣行为、态度、意图、动机以及满意度等方面的实证研究。有研究基于挫折攻击理论分析消费者在黑色星期五购物过程中的恶劣行为[19]。Xu 研究消费者感知风险、感知收益、信任对网络购物节期间消费者态度和意图的影响[20]。也有学者对黑色星期五期间消费者的动机、特征以及购物经验进行实证研究[3]。Swilley 研究在黑色星期五与网络星期一两个特殊环境下购物便利性、感知有用性对消费者的态度与购买意图的影响以及性别对上述影响关系的调节作用，研究结果显示相比于黑色星期五消费者更愿意在网络星期一进行购买[2]。有文章研究“双十一”期间网购用户的满意度，对调查数据进行因子分析，探寻影响网购顾客满意度的主要因素及其影响程度[4]。此外，不同的促销类型也会对消费者的购买行为意向产生关键性的影响[21]。

上述研究并未直接反应网络购物节期间消费者购买决策行为特征。通常，促销会对消费者的购买决策过程产生根本性的影响[22]。而网络购物节作为一种消费仪式，消费者行为既受到促销因素的影响，又受到他人分享的购物经验的影响，其影响力远大于一般促销[17]。因此，网络购物节期间，消费者的购买决策相比于平时会发生变化，有必要对消费者购买决策过程进行网络购物节与平时的对比分析。

6.2.2　消费者决策与信息搜寻行为

消费者决策是指为满足自身需求，产生购买动机，受动机支配不断地比较评估可供选择的多个购买方案，逐渐确定购买方案并实施，以及评价商品、重复购买、推荐等一系列的购买后的活动[23]。消费者决策包括信息输入、信息处理、决策过程、环境因素、个人因素五个部分。其中，消费者决策过程描述的是消费者是怎样进行购买的。通常，决策过程是复杂的多阶段的[24]。Engel、Kollat 和 Blackwell 三位学者提出了 EKB 模型，该模型以决策过程为中心，将消费者决策过程划分为需求认知、信息搜集、方案评估、购买决定和购后感受五个阶段，该划分也同样适用于网络购物时的消费者购买决策过程研究[15]。现有研究大多关注不同的消费者决策类型或将决策过程五个阶段中的购买决定这一阶段看作消费者决策，忽略消费者在做出购买决定前的信息搜集、方案评估等行为，缺乏对消费者决策过程的多阶段特征的考虑[25, 26]。

消费者的信息搜寻行为是购买决策过程中的核心阶段。消费者的信息搜寻行为就是在一个购买决策周期内，做出最终的购买决定前对商品或商家等相关信息的搜集行为。信息搜寻的目的是获取商品信息并对不同的商品进行客观的比较和评估[27]。购买生活中主要的耐用商品的决策过程中，大部分消费者会在购买决策前进行信息搜索行为[28]。同样，网上购物时消费者也会在最终的购买决定前进行信息搜寻，如用户多次访问网站，进行信息搜寻和产品对比，最终做出购物决策[29]。不同于线下购物，互联网的普及和信息搜集技术的进步极大地降低了消费者的网上信息搜索成本[30]。线上购物时，消费者倾向于在做出最终的购买决定前，进行信息的搜索与处理[31]。消费者的信息搜寻是购买决策的基础且影响消费者的购买决定。相关研究主要如下。

第一，信息搜寻努力。张曙迎分析网上购物时消费者的信息搜寻能力感知、信息搜寻成本感知、信息搜寻收益感知的影响因素，并进一步分析信息搜寻动机和信息搜寻能力感知与信息搜寻努力的影响关系[32]。李东进对消费者的信息搜寻努力进行了实证研究，结果表明消费者的搜寻信息努力与消费者的产品知识无关，而与信息搜寻态度、时间压力、感知风险、自我涉入度显著相关。并且，进一步分析了消费者信息搜寻努力与信息搜寻结果和信息搜寻满意之间的关系[33]。

第二，信息搜寻影响因素。Moorthy 提出了一个描述消费者信息搜寻行为的综合的理论框架，框架涵盖了信息搜寻行为的影响因素以及各个影响因素之间的交互作用[34]。张喆分析不同类型感知风险（功能性风险、情感性风险）对不同类型的信息搜寻行为（持续性的信息搜寻、购买前信息搜寻）的影响以及消费者创新性的调节作用[35]。Yeoh 从动机和认知能力之间的相互作用出发，构建了影响消费者信息搜寻行为的整合性框架[36]。Hess 分析性别与自相关性对于购买决策的信息搜寻行为的影响[37]。

第三，信息搜寻特征。Moe 将消费者的购买模式分为四类：直接购买（directed buying）、搜索与精细加工（search and deliberation）、享乐浏览（hedonic browsing）、知识构建（knowledge building）[38]。不同的购买模式对应的信息搜寻行为特征不同，具体如下：直接购买型消费者购买目标明确，伴随及时购买行为。这类消费者的购买目标为某一具体商品，对商品较熟悉、重复购买，或通过人际沟通、好友推荐等途径已经获取了足够信息，明确了购买需求，并不会对大量商品信息进行比较评估。搜索与精细加工型消费者购买目标不是具体商品而是某一类商品，其购买行为不一定立即发生。这类消费者对商品的熟悉程度低于直接购买型，还需通过访问网站获取相关信息，并对不同商品进行比较评估。享乐浏览型消费者并无购买需求，购买目标不明确，出于享乐的动机访问网站仅浏览信息，是否购买取决于浏览过程中的经验以及网站给予的激励因素，易发生冲动购买。知识构建型消费者无购买意图仅搜集信息，购买可能性最低。

从上述研究中可以看出，消费者信息搜寻行为的研究一直以来都是消费者行为研究的重要课题。而已有研究大多关注消费者信息搜寻本身的影响因素、能力感知等相关方面，忽略信息搜寻行为实际搜寻量的测量，缺乏对消费者信息搜寻行为与购买决定行为之间的影响关系的研究。

6.2.3 消费者性别差异

网络购物节对消费者购买行为的影响主要存在性别差异。一直以来性别差异在社会学、心理学、行为学、神经学等多个领域均是一个重要的研究问题[39, 40]。社会学文献指出，性别差异是行为差异的主要原因。而且，基于性别的分类方法对于营销人员尤其是广告商来说是一种普遍的分类方式[5]。性别差异主要表现在：

（1）信息加工方式不同。在生理方面，男性与女性大脑皮层组织结构的不同，导致男女对信息的加工处理过程存在差异[41]。主要体现为：第一，选择型假说理论认为，男性倾向于整体的、一致的处理方式，在购买决策时不会对获得的信息进行十分全面的处理。而女性通常采用更加详细的、复杂的信息加工处理方式，在购买决策时通常搜集尽可能多的信息并对获得的信息进行全面精细的加工处理[7]。而且，相比于男性，女性对信息的加工处理有更低的阈值[41]。第二，男性大多注意个人的相关信息，追求个体性目标，而女性对个人和他人的相关的信息都比较敏感，希望获得其他人的认同，追求集体性目标[42]。第三，人体的右脑用于加工视觉图片信息，左脑则加工语言文字信息。男性在解决问题时，习惯选择性地使用左侧大脑或右侧大脑，而女性则往往同时使用左脑和右脑。针对这一差异，有研究指出男性消费者与女性消费者对搜索型产品和体验型产品的评论认知不同。女性关注体验型产品的图片评论，关注搜索型产品的文字评论，而男性对两种商品均关注文字评论[43]。第四，信息的加工处理可分为特定性加工和相关性加工，特定性信息加工强调信息独特的、重要的属性，而不关注不同信息之间的联系，而相关性信息加工与此相反。处理商品信息时，男性消费者倾向于对信息进行特定性加工，即较多关注对自我影响大的关键的商品属性，而女性消费者倾向于对信息进行相关性加工，即关注商品的多种属性。

上述信息加工处理方式上的性别差异会导致消费者在网上购物过程中对商品信息的认知不同，从而导致网络购物节对消费者决策的影响存在性别差异。

（2）购物满意度不同。Rodgers 等发现女性消费者更难实现情感满足，对在线购物经历的满意度低于男性，对网上购物有更少的信任而是多持怀疑态度。男性则认为网上购物更具实用性和便利性[8]。研究结论强调了商家与女性消费者建立稳固的情感联系的重要性。

（3）态度和意图不同。对于男性来说，安全意识对购买态度和购买意图的影响作用更强，而感知易用性对购买的影响作用对女性消费者来说更强[44]。男性消费者对体验到的积极情绪更为敏感，而女性则对感受到的消极情绪更为敏感，如会感受到紧张、怀疑的情绪[45]。这与男性和女性本身的性格差异相一致，即男性更加简单、粗犷，而女性比较小心、谨慎。在访问意图方面，女性消费者的访问频繁度对感知控制和访问意图的影响是显著的，而男性消费者不显著[6]。

（4）女性更易冲动购买。女性在情感与认知方面是更加冲动的，而且除了在这两个心理过程中存在显著性别差异外，对不同种类商品的冲动购买次数上也存在显著的性别差异[46]。

已有研究并未直接反应消费者的性别差异在购买决策上的差别，但其在信息处理方式、满意度、购买态度等方面的差异，都影响着消费者的购买行为变化。

6.3　点击流数据

用户访问网站过程中每一次的点击行为都被日志文件记录下来，经过数据清洗和信息扩展即成为点击流数据。点击流数据主要为两种：以用户为中心（user-centric），记录同一用户在不同网站间的跨网站浏览行为；以网站为中心（site-centric），记录不同用户在一个网站内的浏览行为。这两类数据适用的研究问题不同，以网站为中心的数据使用较多，主要分析消费者购买行为[14]。点击流数据可主要通过三个途径获取：第一，日志文件的提取与扩展。用于商业分析的点击流数据的信息需求高于日志文件，通常加入网页内容和人口统计信息等。第二，来源于数据搜集公司，如 MediaMetrix、ComScore、NetRatings 等在合作者的电脑上安装程序，进而搜集其网站访问的点击流数据[47]。第三，以实验的形式记录主体的浏览行为[29]，以此获取用户的点击流数据。

点击流数据记录的信息具有完整性、实时性、精确性[48]。主要包含点（page）的信息和流（session）的信息。其中，点的信息即访问的每一个页面的信息，包含 URL、点击时间、浏览时间等。流表示消费者一次完整的访问过程，一个流包含多个点。关于流的划分，通常认为当用户与网站交互的不活跃时间超过 15 分钟则当前访问终止，以此区分用户不同的访问过程。由此可知，流的信息来源于点的信息，具体可包含一次访问过程开始时间、结束时间、浏览时长、浏览页面总数、用户的身份标识等。

通过点击流数据，企业可以知道当前哪些用户在访问网站，用户在网站上浏览了什么，在进行什么交易，这些信息无疑对用户的行为特征分析提供了客观真实的依据，可有效反应消费者的商品浏览和购买行为[49]。目前，点击流数据作为研究消费者购买行为的新范式被越来越多的学者使用[50]。例如，Holsing 和 Olbrich 基于在社会化购物社区中获取的点击流数据分析直接购物特征与社会化购物特征对消费者购买行为的影响，研究结果表明社会化购物特征（评分、商品标签）显著正向影响购买[51]。点击流数据从用户的角度出发，注重用户浏览网站的整个流程，其中包含的信息可从个体层面充分反映消费者的网站访问轨迹，相比于一般信息更具优势。而且，点击流的数据特点与消费者购买决策过程十分贴合，为研究购买决策过程的多阶段行为提供了新的数据支撑。

目前对网络购物节情景下消费者行为的研究的数据多来源于问卷调查方法，研究数据无法客观反映消费者决策过程。用户访问网站时的每一次点击行为都被日志文件记录下来，经过数据提取与扩展即成为点击流数据，为消费者网上购物的决策过程研究提供了数据支撑。此外，相关研究的数据基本来源于大学生群体，而年龄是影响消费者行为的重要的个人内在因素。因此，虽然大学生在网购群体中占比较高，但其购买决策与实际购买力有别于其他年龄阶段的消费者，由此得出的研究结论具有特殊性，而本书中的消费者涵盖各个年龄阶段，研究结论更具代表性。

6.4 理论基础与研究模型

6.4.1 “刺激–机体–反应”模型

SOR 模型认为个体接收到来源于环境中的外部刺激，而基于消费者自身的生理和心理因素，产生相应的情感与认知，情感与认知作为内部因素促使消费者产生动机，动机进而驱动个体做出相应的反应[52]。SOR 模型中刺激、机体、反应三个构念可包含的具体特征主要为：外部刺激可包含信息特征、交互特征、网络特征等[53, 54]；机体因素可包含个人特质、感知价值、情感因素等[55, 56]；反应因素可包含信息搜集、网站使用、信息分享、商品购买等[57, 58]。SOR 模型被作为解释消费者决策的一般模式，即消费者在内外部因素刺激下，产生购买需求，受动机驱使进行购买决策[59]。目前，SOR 模型已经广泛用于解释消费者的在线购买行为中[60, 61]。

6.4.2 消费者购买五阶段模型

消费者的购买决策过程包含需求认知、信息搜集、方案评估、购买决定和购后感受共五个阶段[15]。各阶段具体解释如下：

（1）需求认知阶段。消费者受到已购商品耗尽、对当前商品不满意、新产品发布等内在需求与外在刺激因素的影响时便产生了购买需求。

（2）信息搜集阶段。在产生购买需求后，无法立刻满足该需求，为进一步了解商品，消费者通过内部与外部、线上与线下等多种方式搜集商品的相关信息。

（3）方案评估阶段。随着搜集到的信息越来越全面，消费者反复多次对不同商品进行对比并评估商品价值。这一阶段是购买前的评估，并未发生实际购买行为，是购买决定阶段的基础和前提。

（4）购买决定阶段。经过商品的对比评估后，消费者逐渐形成最终购买目标，并做出购买决定。消费者做出购买决定前，并不一定会经历前三个阶段，如冲动购买则是直接进行购买决定。

（5）购后感受阶段。购买到商品并体验后会形成对商品的整体态度，并对商品本身、购买渠道、厂家等进行评价或退货、推荐等行为，而这一阶段的行为充实了消费者对商品的认知，将会影响消费者的下一次购买或对当前商品的重复购买行为。

基于消费者购买决策五阶段模式的划分，在网络购物节期间，消费者受促销信息或好友推荐等因素影响产生购买需求（需求认知）后，多次访问网站搜索商品信息（信息搜集），反复对可选商品进行比较评估（方案评估），多次对比评估后，逐渐确定购买目标，决定是否购买（购买决定），在购买后进行商品评论等活动（购后感受）。其中，信息搜集、方案评估、购买决定三个阶段是消费者决策过程的核心阶段[16]。信息处理过程中，消费者的目的是获取商品信息并对不同的商品进行客观的比较和评估[27]。因此，消费者决策过程中的信息搜集与方案评估均属于购买决定前的信息处理行为。消费者决策过程五阶段模型框架图如图 6.1 所示。

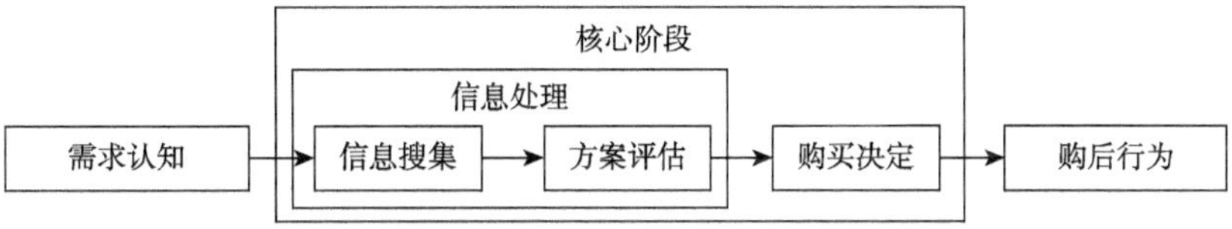

图 6.1　消费者决策过程五阶段模型框架

6.4.3　研究模型与假设提出

消费者购买决策五阶段模式中的需求认知、信息搜集、方案评估、购买决定、购后行为五个阶段可用于解释 SOR 模型中机体的反应[62]。具有不同性别特征的消费者受到网络购物节这一外部刺激因素的影响会产生不同的反应，即对应的购买决策过程各阶段行为变化不同。基于消费者访问网站时产生的大样本购物日志数据，本书主要探讨网络购物节对不同特征消费者从进入网站到离开网站这一网站访问过程中的信息搜集、方案评估、购买决定这三个核心阶段行为的影响。将网络购物节整体作为外部刺激因素，将消费者的性别属性作为机体的内在因素，并以消费者决策过程中信息搜集、方案评估和购买决定三个核心阶段的行为作为 SOR 模型中的反应因素。研究重点在于分析消费者受到网络购物节影响，购买决策过程各阶段行为的变化，以及不同消费者个体购买决策行为变化的性别差异。结合 SOR 模型和消费者购买决策五阶段模式提出研究框架，如图 6.2 所示。

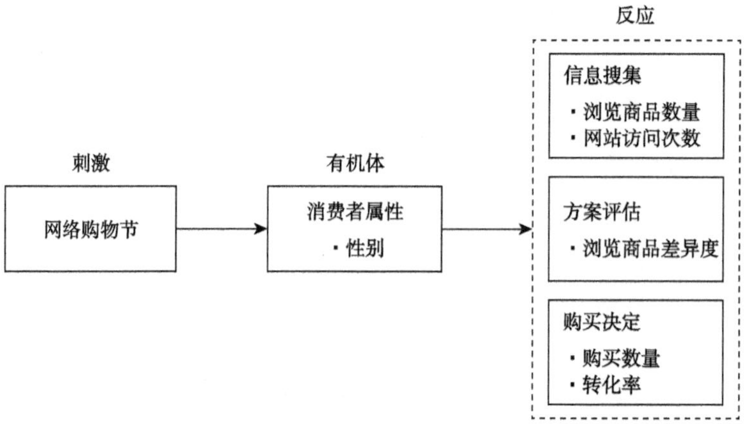

图 6.2　研究框架

在线上购物时，商家很容易通过点击流数据获取消费者的点击行为[63]。因此，可从消费者的点击流数据中获取变量，反应消费者的信息搜集、方案评估、购买决定阶段的行为。

（1）信息搜集阶段，消费者通常浏览多个商品页面并多次访问网站。消费者的点击行为可有效表示商品的浏览行为，进而表示消费者网上购物时的信息搜集行为[48]。而且，已有研究认为有经验的消费者倾向于搜索更多的页面[64]，每次访问浏览的页面数与最终购买决定和销量正相关[46]。因此，可用消费者访问网站时浏览页面数表示信息搜集行为。此外，在同一购物任务中，用户可能多次访问购物网站，经过多次产品对比，最终才做出购物决策，这成为网络购物的显著特点[65]。访问次数可反映消费者的浏览频繁度和活跃程度，正向影响访问意图[6]。因此，消费者在一次购买决策过程中的网站访问次数也可以有效测量信息搜集阶段的行为。

（2）方案评估阶段，以浏览商品差异度反映消费者的方案评估行为[38]。在方案评估阶段消费者对多个商品的信息进行比较和评估，有些消费者购买时比较谨慎，在做出购买决策时会选择多个商品进行比较，而有些消费者则比较少量的商品信息，因此浏览商品差异度能够很好地反映消费者方案评估阶段的行为特征。浏览商品差异度即浏览的所有商品页面中不同商品页面占比。浏览商品差异度低表示消费者购买目标明确，对商品比较熟悉，无须对大量不同商品进行比较评估。浏览商品差异度高表示消费者处于享乐型的随机浏览状态，或者对目标商品不熟悉，购买目标不明确，仍需比较评估大量不同商品信息。

（3）购买决定阶段，采用购买数量和转化率反映消费者的购买决定[14, 66]。网上商品信息丰富，消费者倾向在网上浏览商品信息，而有一部分消费者因为购物风险、商品质量不易评估等仅利用网站进行信息搜集，最终选择线下购买、未来购买、在其他平台进行购买，因此购买转化率较低，一般不超过 4%。关于转化率的定义有很多，多视情况而定。本书的转化率指最终购买数量占浏览页面总数的百分比。

本书主要研究网络购物节对消费者决策过程中的信息搜集行为（浏览商品数量、网站访问次数）、方案评估行为（浏览商品差异度）和购买决定（购买数量、转化率）三个阶段行为产生的影响，分析这一影响的性别差异，并进一步探讨消费者的信息处理（信息搜集、方案评估）对购买决定的影响，以及性别对这一影响关系的调节作用。消费者决策过程三个核心阶段的变量描述如表 6.1 所示。

表6.1　变量信息表

决策阶段	变量名称	变量描述	参考文献
信息搜集	浏览商品数量	平均每次访问浏览商品页面数	[46]
	网站访问次数	特定时间内访问网站次数	[6]
方案评估	浏览商品差异度	浏览不同商品个数/浏览页面总数	[38]
购买决定	购买数量	特定时间内消费者购买商品的数量	[14]
	转化率	商品购买数量占浏览页面总数的百分比	[66]

1）网络购物节对消费者购买决策的总体影响

（1）信息搜集阶段。搜集信息时消费者通常浏览多个商品页面并伴随多次网站访问行为。商品信息是影响“双十一”顾客满意度的高权重要素，表明消费者十分重视网络购物节期间对商品信息的收集[4]。消费者产生购买需求后，通过内部、外部信息搜集获取多个商品信息，这些商品的集合即考虑集(consideration set)[67]。消费者购买决策时不断缩小考虑集的范围，最终从考虑集中选择商品进行购买。与平日相比，网络购物节期间商家大规模的促销活动为消费者提供了更多的选择，消费者的考虑集变大，因此浏览更多商品信息。同时，面对大量促销信息，消费者需要浏览更多的页面收集并处理促销信息，以获取更大的收益。而且，不同商家开展促销活动的时间不同且促销活动会不断更新，消费者对促销信息的感知控制较低，而频繁访问可以增强其感知控制[6]。因此，消费者会提高网站访问次数，以消除多类目繁杂促销信息所产生的不确定性。此外，天猫平台也会通过网站和微博等不同渠道进行“倒计时”“定时抢红包”“捉猫猫”等活动，为“双十一”造势，进而提高消费者的参与程度，吸引消费者访问购物网站。因此，网络购物节期间，消费者的每次访问浏览页面数和访问次数均会显著增加。综上，提出假设：

$H_{6.1a}$：受网络购物节影响，消费者浏览更多商品页面进行信息搜集。

$H_{6.2a}$：受网络购物节影响，消费者更多次访问网站进行信息搜集。

（2）方案评估阶段。消费者在选择商品时会浏览不同商品的信息，并基于商品信息进行商品比较评估。参与黑色星期五购物的消费者往往表现出更高的享乐型的购买动机[3]。但这只说明消费者将网络购物节看作一个节日，参与的过程中可获得乐趣，却并不一定都表现出享乐型的浏览行为。实际上，平时有很多消费者处于享乐型的浏览状态，并没有明确的购买目标，浏览商品差异度高[38]。而网络购物节期间，消费者感知到促销活动带来的价格优惠，往往发生囤货行为，购买的商品也多为自己比较熟悉的商品，并不会对大量不同商品比较评估，浏览商品差异度低。而且，网络购物节期间，受促销因素或时间压力的影响，消费者更容易产生冲动购买[68]。冲动购买则意味着未经过商品比较评估直接发生购买行为，对应的浏览商品差异度低。此外，部分消费者在平时的网站访问中产生了明确的购买目标但并未购买，由于价格敏感等选择在网络购物节期间购买。因此，在网络购物节进行购买决策前无须再比较评估商品，浏览商品差异度低。综上，网络购物节期间，消费者的浏览商品差异度相比于平时会降低，因此，提出假设：

$H_{6.3a}$：受网络购物节影响，消费者比较评估更少不同商品信息。

（3）购买决定阶段。促销通常会导致消费者产生囤货行为和冲动购买行为，可有效促进消费者购买，提高购买数量[69]。网络购物节期间，消费者购买数量的增加主要表现为：提前购买未来有需求的商品即囤货，对并无购买需求的商品产生冲动购买，因价格的优惠对以前产生购买需求的商品延迟购买。尽管平时也会有促销活动，但促销力度与规模均有限。而且，网络购物节期间，消费者的购买既受到促销活动影响，又受到其他消费者共享的购买经验的影响，其影响力远大于一般促销[18]。因此，受网络购物节影响，消费者的购买数量会显著增加。网上商品信息丰富，而互联网的普及和信息搜索技术的进步又极大地降低了网上信息搜索成本[30]。消费者倾向于线上浏览，但由于信息不对称等实际购买少，转化率较低[14]。介于平时的转化率较低，购买数量的少量增加即可极大地提高转化率。尽管消费者的浏览量也会增加，但由于消费者的精力有限，受信息搜集成本的影响，购买数量的提升与浏览量的增多反应在转化率上依然会导致转化率的提高。综上，提出假设：

$H_{6.4a}$：受网络购物节影响，消费者的购买需求高于平时。

$H_{6.5a}$：受网络购物节影响，消费者的转化率高于平时。

2）网络购物节对消费者购买决策影响的性别差异

（1）信息搜集阶段。网络购物节期间，商家开展大规模促销活动为消费者提供了更多选择，不同商家之间促销力度和方式不同，商品信息和促销信息繁杂，消费者无法轻易得知怎样进行购买决策以获取最大优惠。因此，网络购物节期间，消费者购买决策的感知不确定性和感知风险提升。考虑到男性消费者比较独立，具有竞争性，对风险的承受能力强[70]。而女性消费者依赖性较强，倾向于互相合作，不愿意承担风险。因此，为降低感知风险，相比于男性消费者，女性倾向于浏览更多页面搜集商品与促销的相关信息。而且，男性的判断是场独立性判断，多依赖于自身的独立判断，不易受到外界影响，而女性的判断则是场依存性判断，大多依赖于外界环境，容易受到外界环境的刺激[71]。因此，女性消费者更容易受到网络购物节影响，会增加更多浏览量来搜集信息，其浏览页面数的变化程度高于男性。网络购物节期间，面对大量繁杂的促销信息，消费者感知控制较低。对于女性消费者，访问频繁度对感知控制的影响是显著的，而对男性消费者的影响不显著[6]。因此，女性消费者为提升感知控制，更容易提高访问频繁度，其访问次数的变化高于男性。综上，提出假设：

$H_{6.1b}$：网络购物节对消费者浏览商品数量的影响存在性别差异，且女性浏览商品数量的变化显著高于男性。

$H_{6.2b}$：网络购物节对消费者访问次数的影响存在性别差异，且女性访问次数的变化显著高于男性。

（2）方案评估阶段。女性消费者将购物视作一种充满娱乐性的活动，是一种社交方法，往往可以缓解压力并从中获得乐趣。而男性消费者则认为购物是一项任务，是获取商品满足需求的必要步骤，并不会在购买过程中获得乐趣[72]。因此，平时女性消费者在并无购买目标时也会出于享乐的动机访问网站，对应的浏览商品差异度高。但是，网络购物节期间，大多数消费者均有或多或少的购买需求，女性消费者的享乐型浏览行为变少，对应的浏览商品差异度降低。而男性消费者购买行为大多为需求驱动，购买决策时主要关注目标商品的功能与效用，对商品不挑剔，对应的浏览商品差异度低[73]。而且，不同于女性消费者的被动决策，男性消费者购买决策自主、用时短，不易受外界环境影响。因此，在网络购物节期间，女性消费者浏览商品差异度相比于平时发生的变化会高于男性。综上，提出假设：

$H_{6.3b}$：网络购物节对消费者浏览商品差异度的影响存在性别差异，且女性浏览商品差异度的变化显著高于男性。

（3）购买决定阶段。性别不同导致促销效果有显著差异，整体上女性消费者受促销策略的影响程度要高于男性[74]。而网络购物节对消费者行为的影响不仅包含促销因素，还包含经验共享因素，其影响程度要高于普通促销。因此，女性消费者更容易受到网络购物节的影响，增加购买行为。女性大多受到集体性目标的影响，而男性则追求实现自我效能的个体性目标[75]。说明女性消费者的从众心理强，当了解到身边有很多人购买了某一商品时，为追求一致，也容易产生购买行为。而且，女性消费者的需求多样，网络购物节期间会购买家庭日用品，购买数量大。此外，女性在与冲动购买行为相关的情感与认知方面是更加冲动的，常常受他人意见以及外界环境的影响，易发生冲动购买行为[46]。因此，女性消费者更容易受到网络购物节的影响，产生冲动购买行为，其购买数量会增加更多。

消费者的购买模式主要为直接购买型、搜索与精细加工型、享乐浏览型、知识构建型四类[38]。同一消费者在不同时间其购买模式也不同，主要取决于当前的网站访问意图。直接购买型消费者购买目标明确，伴随及时购买行为。此类消费者浏览页面数少，购买可能性高，转化率高。搜索与精细加工型消费者购买目标不是具体商品而是某一类商品，其购买行为不一定会立即发生。此类消费者浏览页面数多，购买可能性也较高，对应的转化率较高，但低于直接购买型消费者。享乐浏览型消费者目标不明确，仅浏览信息，是否购买取决于浏览过程中的经验以及网站给予的激励因素，易发生冲动购买。此类消费者购买可能性最低，通常为零，对应转化率最低。知识构建型消费者仅搜集信息，无购买行为。从性别差异本身出发，男性多属于直接购买型消费者，而女性消费者在平时多具有享乐型浏览行为[76]。但在网络购物节期间，受到促销以及时间压力的影响，大多数消费者都具有购买需求，单纯的享乐型浏览行为较少，因此女性消费者转化率的变化会高于男性。因此，提出假设：

$H_{6.4b}$：网络购物节对消费者购买数量的影响存在性别差异，且女性购买数量的变化显著高于男性。

$H_{6.5b}$：网络购物节对消费者转化率的影响存在性别差异，且女性转化率的变化显著高于男性。

6.5 研 究 设 计

6.5.1 双重差分法

双重差分（difference in differences，DID）方法是基于自然试验产生的数据，基本思想是通过对比政策的参与者（处理组）与非参与者（对照组）在政策实施前后的变化来评估该项政策的效果。为避免对政策效果的有偏估计，DID 方法通过对简单前后比较（政策实施前、政策实施后）和简单截面比较（参与政策的实施组、未参与政策的对照组）的结合构造双重差分估计量（DID estimator）。双重差分估计量的公式如式（6.1）所示：

$$\begin{aligned}\hat{\boldsymbol{\beta}}^{\text{DID}} &= \left(\overline{Y}^{\text{treatment,after}} - \overline{Y}^{\text{treatment,before}}\right) - \left(\overline{Y}^{\text{control,after}} - \overline{Y}^{\text{control,before}}\right) \\ &= \Delta\overline{Y}^{\text{treatment}} - \Delta\overline{Y}^{\text{control}}\end{aligned} \tag{6.1}$$

其中，$\hat{\boldsymbol{\beta}}^{\text{DID}}$ 即政策实施效果的估计量，Y 为研究的因变量，角标中的 treatment 和 control 分别代表处理组与对照组，after 和 before 分别代表政策实施后和政策实施前。通过双重差分估计量，DID 方法可以控制随时间变化的不可观测总体因素的影响，将政策效果分离出来。而且，DID 模型并不是对比处理组和对照组在政策实施前后的均值变化，而是对个体数据进行回归，可判断政策的影响作用是否有显著的统计学意义。

本书采用 DID 方法来评估网络购物节这一事件对消费者决策各阶段行为的影响，包括整体影响作用和影响作用的性别差异分析。DID 方法可有效控制网络购物节前消费者之间的差异，将网络购物节的影响作用有效分离出来。DID 方法的基本模型为

$$Y_{it} = \alpha_0 + \alpha_1 d_{it} + \alpha_2 T_{it} + \beta d_{it} T_{it} + \varepsilon_0 \tag{6.2}$$

其中，下标 i 表示消费者个体；t 代表时间；Y 为因变量，是一系列表示消费者购买决策各阶段行为的变量；d 为分组变量，取值为 1 表示消费者 i 所属组为处理组，取值为 0 表示消费者 i 所属组为对照组；T 为时间变量，T 取值为 1 表示消费者 i 在时间 t 处于处理后，取值为 0 表示消费者 i 在时间 t 处于处理前；α_1 表示对照组与处理组间不可观测的消费者固有特征的差异；α_2 表示随时间变化的不可观测总体因素的影响；d 和 T 的交叉项的参数 β 表示政策效果的参数。本书中的 Y 分别为信息搜集行为（浏览商品数量、网站访问次数）、方案评估行为（浏览商品差异度）、购买决定（购买数量、转化率）。在分析网络购物节对消费者决策过程各个阶段的整体影响作用时采用 DID 基本模型，即模型 6.2。

比较网络购物节对不同特征消费者产生的效果差异时，在基本模型中加入交叉项 X，得出模型 6.3。

$$Y_{it} = \alpha_0 + \alpha_1 d_{it} + \alpha_2 T_{it} + \beta_{\mathrm{DID}} d_{it} T_{it} + X + \alpha_1^X d_{it} X + \alpha_2^X T_{it} X + \beta_{\mathrm{DID}}^X d_{it} T_{it} X + \varepsilon_0 \tag{6.3}$$

其中，X 代表消费者的个人固定特征，可包含性别、年龄、文化程度等特征，本书的 X 为消费者的性别特征，其中女性取值为 0，男性取值为 1；α_1^X 这一参数表示相对于不具有该特征（女性）的消费者，具有该特征（男性）的消费者受到的处理组和对照组之间的固有差异的影响；同样，α_2^X 表明相对于女性消费者，男性消费者受到的随时间变化的不可观测因素的总体影响；β_{DID}^X 即双重差分估计量，表示具有不同性别特征的消费者受到网络购物节影响的行为变化差异。

6.5.2 数据预处理

以天猫“双十一”为例，分析网络购物节的影响效果。原始数据为消费者于 2014 年 6 月至 2014 年 11 月期间，在天猫平台购物时产生的约 5 000 万条购物日志数据。数据经过脱敏处理，隐去了消费者的隐私信息。数据主要包括用户信息、商品信息、用户浏览日志信息。其中，用户浏览日志数据记录了用户标识、商品标识、时间（精度到天）、用户行为（点击、加入购物车、购买、收藏四种行为），即每条数据记录了某一用户在某一时间对某一商品的行为。

1）会话定义

点击流分析中，通常以会话（session）来描述消费者一个购买过程中的网站访问行为。以用户进入网站作为开始，若中间用户不活跃时间超过 15 分钟则认为一次会话结束。但是以这种会话定义方式表示消费者的购买过程，忽略了消费者一次完整的购买决策过程可能经历几天时间，伴随着多次访问，尤其在线上购买时访问成本较低[77]。实际上，有学者指出消费者在一段时间内的多次访问行为能够更好地表示消费者的购买决策过程[47]。

（1）购买周期确定。基于已有研究[63]，本书以 11 天作为消费者从搜集信息到决定是否购买的一个完整的购买周期，这样定义既能有效的包含消费者的多次访问行为，又可以避免包含多次购买过程。在 11 月 11 日之前，消费者通常频繁地访问网站进行商品信息或促销信息的搜集活动，但是会减少购买行为以期获得更大的价格优惠，即处于购买决策过程的前几个阶段。通过数据的统计分析可知，11 月 1 日购物网站的访问量明显高于以前，可以合理认为部分消费者已经开始备战“双十一”。而且，仅有少数消费者（<3%）在 11 天内发生超过一次的购买行为，并删除这部分数据。最终数据可更好地反映消费者的信息搜集和方案评估行

为，且避免高估网络购物节的影响效果。若基于 11 天的数据得出网络购物节影响效果显著，则说明“双十一”当天消费者的购买决策变化更大。

（2）购买过程识别。在提取消费者平时购买决策的网站访问数据时，以 9 月为例进行说明。为较精确地识别消费者 i 的一个购买周期，先找出消费者 i 在 9 月的第一次购买的时间 T_1，并识别时间 T_1+3 之后第一次访问网站的时间 T_2（一般消费者在完成购买后的几天内会进入网站查询物流信息，而非进行下一次购买），最终选取 T_2 至 T_2+10 这 11 天内的访问数据表示消费者 i 的一个购买周期。在提取消费者在网络购物节期间购买决策的网站访问数据时，同样以 11 天作为一个购买周期，选取 11 月 1 日至 11 月 11 日期间数据表示消费者 i 网络购物节期间的购买周期。

2）变量提取

由于数据量较大，将原始数据存入 SQL Server 数据库中，并借助 Python 语言对原始数据进行预处理。以用户标识为分组依据，对用户任一行为、购买行为、唯一商品标识分组计数，得到消费者的浏览商品总数、购买数量、浏览不同商品的件数。提取访问次数时，以每一天近似作为一次独立访问。例如，用户 11 天内 4 天有行为数据，则认为用户的访问次数为 4。浏览商品差异度的定义如式（6.4）所示：

$$\text{DIFFITEM}_i=\begin{cases}0 & ,\text{BROWDIFFITEM}_i=\text{BUYDIFFITEM}_i\\ \dfrac{\text{BROWDIFFITEM}_i}{\text{PAGES}_i} & ,\text{else}\end{cases} \tag{6.4}$$

关于浏览商品差异度的计算，首先识别直接购买型消费者（浏览不同商品数量=购买不同商品数量），浏览商品差异度取值设为 0，对于其他消费者，浏览商品差异度=浏览不同商品数量/浏览商品总数。转化率为：购买数量/浏览商品数量。代表消费者决策各阶段行为的因变量的描述性统计如表 6.2 所示。

表6.2　变量的描述性统计

决策阶段	变量	对照组处理前		对照组处理后		处理组处理前		处理组处理后	
		均值	标准差	均值	标准差	均值	标准差	均值	标准差
信息搜集	浏览商品数量	16.558	25.164	18.601	27.513	18.041	26.429	69.723	92.463
	网站访问次数	3.102	2.023	3.410	2.058	3.287	2.008	4.130	2.402
方案评估	浏览商品差异度	0.734	0.249	0.728	0.237	0.740	0.233	0.595	0.188
购买决定	购买数量	0.679	1.075	0.701	1.010	0.622	1.020	3.293	2.971
	转化率	0.075	0.159	0.074	0.158	0.061	0.133	0.108	0.149

3）用户选择：处理组和对照组

DID 方法使用的数据包括对照组和处理组在政策实施前后的四组数据。处理组用户即参与网络购物节的消费者。在选择对照组用户时，由于未参与网络购物节的用户很少，以处理组相同用户在平时的行为数据代替对照组数据。其中，选择相同用户便于消除消费者的自身特征对购买决策的影响。因此，以 6 月消费者的网站访问数据作为对照组政策实施前数据，9 月数据为对照组政策实施后的数据。为保证处理组与对照组具有相同的时间跨度，以便消除消费者随时间变化不可观测因素的影响，以 8 月的数据作为处理组政策实施前即平时的数据，11 月的数据作为处理组政策实施后即购物节期间的数据。基于双重差分模型的思想选取样本数据，消除了消费者不受网络购物节影响随时间发生的变化以及消费者本身固有属性的影响，有效地将网络购物节对消费者购买决策过程各阶段行为的影响效果分离出来。最终数据共 21 152 条，其中处理组用户 12 786 个，对照组用户 8 366 个，男女比例均约为 1∶1。数据分组信息如表 6.3 所示。

表6.3　对照组与处理组的选择

分组	政策实施前	政策实施后
对照组	2014-06	2014-09
处理组	2014-08	2014-11

6.6　数据分析与结果讨论

6.6.1　网络购物节总体影响效果分析

使用 Python 分析 DID 模型（6.2），参数估计采用最小二乘法，得出网络购物节对消费者信息搜集、方案评估、购买决定阶段行为的影响，参数估计结果如表 6.4 所示。由参数 β 值可知，受网络购物节影响，消费者购买决策过程的信息搜集、方案评估、购买决定三个阶段的行为均有显著变化。

表6.4　网络购物节总体影响效果

决策阶段	变量	影响效果 β	假设
信息搜集	浏览商品数量	49.639^{***}（1.558）	$H_{6.1a}$（支持）
	网站访问次数	0.535^{***}（0.060）	$H_{6.2a}$（支持）
方案评估	浏览商品差异度	-0.140^{***}（0.006）	$H_{6.3a}$（支持）
购买决定	购买数量	2.649^{***}（0.052）	$H_{6.4a}$（支持）
	转化率	0.047^{***}（0.004）	$H_{6.5a}$（支持）

*、**、***分别代表在 10%、5%、1%水平上显著

注：括号中是标准误差

（1）信息搜集阶段，在网络购物节的影响下消费者浏览商品数量和网站访问次数显著增加（β=49.639>0，p<0.01，β=0.535>0，p<0.01），支持 $H_{6.1a}$ 和 $H_{6.2a}$。

研究结果表明受网络购物节影响，相比于平时，消费者访问网站更加频繁，而且每次访问浏览更多的商品页面。说明网络购物节期间，消费者购买决策时，花费更多的精力搜集商品信息，而且对网络购物节的参与程度很高。

（2）方案评估阶段，网络购物节使消费者的浏览商品差异度显著减少（$\beta=-0.140<0$，$p<0.01$），消费者在评估商品时比较较少的不同商品信息，支持 $H_{6.3a}$。网络购物节期间，大规模的促销活动为消费者提供了更多选择，消费者决策的不确定性提高。为降低不确定，消费者通常浏览更多不同商品信息进行对比评估，浏览商品差异度提高[44]。此外，网络购物节期间有很多稀缺商品，供不应求，开售几秒内则被抢光，促使消费者选择替代品，进而浏览更多不同的商品信息。尽管上述情况的存在可能会导致浏览商品差异度变大，但实际上相比于平时网络购物节期间消费者的享乐型浏览行为减少，大多数消费者具有较明确的购买需求，因而浏览商品差异度降低。

（3）购买决定阶段，消费者的购买数量与转化率相比于平时均有显著增加（$\beta=2.649>0$，$p<0.01$，$\beta=0.047>0$，$p<0.01$），支持 $H_{6.4a}$ 和 $H_{6.5a}$。研究结果说明网络购物节期间消费者购买需求显著增加，网络购物节确实能够刺激消费，可以极大地拉动内需，促使消费者产生购买行为，大多数消费者会出于囤货等购买动机选择在网络购物节期间购买商品。

6.6.2　网络购物节影响效果的性别差异分析

使用 Python 分析 DID 模型（6.3），参数估计采用最小二乘法，得出网络购物节对消费者决策影响效果的性别差异，参数结果如表 6.5 所示。由性别差异列的参数估计结果可知，网络购物节对消费者决策过程中信息搜集、方案评估、购买决定三个阶段影响的性别差异并不是全部显著的。

表6.5　网络购物节影响效果的性别差异

决策阶段	变量	女性	男性	性别差异 β_{DID}^{X}	假设
信息搜集	浏览商品数量	53.153***（2.180）	45.341***（2.180）	−7.813**（3.154）	$H_{6.1b}$（支持）
	网站访问次数	0.653***（0.080）	0.383***（0.091）	−0.270**（0.122）	$H_{6.2b}$（支持）
方案评估	浏览商品差异度	−0.133***（0.008）	−0.149***（0.010）	−0.016（0.013）	$H_{6.3b}$（不支持）
购买决定	购买数量	2.733***（0.027）	2.545***（0.080）	−0.188*（0.105）	$H_{6.4b}$（支持）
	转化率	0.048***（0.005）	0.047***（0.007）	−0.001（0.008）	$H_{6.5b}$（不支持）

*、**、***分别代表在 10%、5%、1%水平上显著

注：括号中是标准误差

具体性别差异的结果为：

（1）信息搜集阶段，女性消费者浏览商品数量和网站访问次数的增加显著高

于男性（β_{DID}^{X}=−7.813<0，p<0.05，β_{DID}^{X}=−0.270<0，p<0.05），支持 $H_{6.1b}$ 和 $H_{6.2b}$。研究结果表明，女性消费者受网络购物节影响信息需求量的增加高于男性，倾向于频繁访问网站，对网络购物节的参与程度高于男性。

（2）方案评估阶段，浏览商品差异度的变化不存在显著性别差异（β_{DID}^{X}=−0.016<0，p>0.1），与 $H_{6.3b}$ 不符。可能的原因是，虽然网络购物节期间，由于商品促销等优惠活动或是受到网络购物节的时间压力影响，女性消费者相比于平时的享乐型浏览行为减少，即购买需求更加明确，浏览商品差异度相比平时会降低，但其购买商品类别多倾向于服装类商品。服装类商品的异质性较高，消费者在做出最终的购买决定前，往往需要比较大量的不同商品信息，浏览的不同商品数量多于男性。而且，受网络购物节影响女性消费者为降低决策风险，会比较评估更多不同商品信息，对应的浏览商品差异度高。因此，消费者浏览商品差异度的变化并无显著性别差异。

（3）购买决定阶段，网络购物节期间，女性消费者购买数量的增长显著高于男性（β_{DID}^{X}=−0.188<0，p<0.1），支持 $H_{6.4b}$。而消费者购买不同商品数量变化的性别差异不显著（β_{DID}^{X}=−0.145<0，p>0.1，未在表 6.5 中列出）。研究结果表明，网络购物节期间女性消费者对不同商品需求的变化与男性无差异，但其购买商品总数的变化高于男性，即女性消费者更易在网络购物节期间发生囤货行为。转化率的变化无显著性别差异（β_{DID}^{X}=−0.001<0，p>0.1），与 $H_{6.5b}$ 不符。可能的原因是，尽管女性消费者的购买需求的增加高于男性，但女性消费者用于购买决策的信息需求的增加同样高于男性消费者，因此反应在转化率上并无显著差异。

总体假设检验结果如表 6.6 所示。

表6.6　假设检验结果表

决策阶段	假设	假设说明	结果
信息搜集	$H_{6.1a}$	受网络购物节影响，消费者浏览更多商品页面进行信息搜集	支持
	$H_{6.1b}$	网络购物节对消费者浏览商品数量的影响存在性别差异，且女性浏览量的变化显著高于男性	支持
	$H_{6.2a}$	受网络购物节影响，消费者更多次访问网站进行信息搜集	支持
	$H_{6.2b}$	网络购物节对消费者访问次数的影响存在性别差异，且女性访问次数的变化显著高于男性	支持
方案评估	$H_{6.3a}$	受网络购物节影响，消费者比较评估更少不同商品信息	支持
	$H_{6.3b}$	网络购物节对消费者浏览商品差异度的影响存在性别差异，且女性浏览商品差异度的变化显著高于男性	不支持
购买决定	$H_{6.4a}$	受网络购物节影响，消费者的购买需求高于平时	支持
	$H_{6.4b}$	网络购物节对消费者购买数量的影响存在性别差异，且女性购买数量的变化显著高于男性	支持
	$H_{6.5a}$	受网络购物节影响，消费者的转化率高于平时	支持
	$H_{6.5b}$	网络购物节对消费者转化率的影响存在性别差异，且女性转化率的变化显著高于男性	不支持

6.6.3　结果稳健性分析

为分析研究结果稳定性，在 DID 模型中引入年龄变量，分析网络购物节对不同性别和年龄消费者决策的影响，并分析网络购物节对不同年龄阶段的消费者决策影响的性别差异。营销人员常根据年龄进行市场细分，主要因为同一年龄段的消费人群有相似的生活经历，因而他们有共同的需要、体验、标志和回忆，从而形成相似的消费模式[78]。而不同年龄的消费者有不同特征：一方面，信息加工方式不同。个体的信息加工技能随年龄增长而下降，年长的人不大可能搜索信息，也很难记住商品信息[79]。另一方面，品牌忠诚度不同。年长的人品牌忠诚度更高，由于长期经验，他们对品牌的了解更充分，在选择商品时会考虑更少的品牌、更少的经销商，对新品牌和不熟悉品牌的动机和认知能力较低，倾向于选择老品牌[80]。因此，我们有必要讨论网络购物节对不同年龄段消费者的影响，并进一步分析不同年龄段消费者决策变化的性别差异，结果详见表 6.7。

表6.7　网络购物节对不同性别和年龄段消费者的影响

决策阶段	变量		≤29 岁	30~39 岁	40~49 岁	≥50 岁
信息搜集	浏览商品数量	男	47.444*** (4.011)	49.364*** (3.406)	31.696*** (4.449)	25.647** (11.505)
		女	57.352*** (3.992)	52.000*** (3.514)	58.006*** (6.474)	43.617*** (11.212)
		差异	−9.908* (5.770)	−2.635 (4.921)	−26.310*** (9.187)	−17.969 (16.201)
	网站访问次数	男	0.345** (0.155)	0.494*** (0.144)	0.181 (0.276)	−0.431 (0.565)
		女	0.716*** (0.139)	0.735*** (0.134)	0.653*** (0.237)	−0.001 (0.572)
		差异	−0.371* (0.210)	−0.240 (0.196)	−0.471 (0.377)	−0.430 (0.813)
方案评估	浏览商品差异度	男	−0.138*** (0.014)	−0.139*** (0.015)	−0.119*** (0.032)	−0.108* (0.057)
		女	−0.153*** (0.017)	−0.135*** (0.014)	−0.109*** (0.022)	−0.172** (0.067)
		差异	−0.015 (0.022)	−0.004 (0.020)	−0.010 (0.038)	−0.064 (0.087)
购买决定	购买数量	男	2.514*** (0.139)	2.833*** (0.130)	1.815*** (0.191)	2.203*** (0.437)
		女	2.652*** (0.111)	2.999*** (0.133)	2.845*** (0.185)	2.198*** (0.344)
		差异	−0.138 (0.176)	−0.166 (0.186)	−1.030*** (0.285)	0.005 (0.550)
	购买转化率	男	0.052*** (0.012)	0.046*** (0.010)	0.012 (0.020)	0.099** (0.042)
		女	0.048** (0.009)	0.041*** (0.009)	0.045*** (0.013)	0.004 (0.039)
		差异	0.003 (0.014)	0.005 (0.014)	−0.033 (0.022)	0.095 (0.058)

*、**、***分别代表在 10%、5%、1%水平上显著

注：括号中是标准误差

将消费者的年龄划分为低年龄段（青年：≤29 岁）、低中年龄段（中青年：30~39 岁）、中年龄段（中年：40~49 岁）、中高年龄段（中老年：≥50 岁）四个

阶段。其中，前两个年龄段消费者占比较高。结合消费者的性别和年龄特征细分消费者群体，使用最小二乘法分别估计模型（6.2）和模型（6.3），得出网络购物节对不同性别和年龄特征消费者影响的参数和网络购物节对不同年龄阶段消费者影响的性别差异参数，参数结果如表 6.7 所示。由表 6.7 中参数值可知，整体看来网络购物节对不同年龄段的女性浏览商品数量、网站访问次数和购买商品数量的影响明显大于男性，而对浏览商品差异度和转化率影响的性别差异较小。这些结果与整体性别差异的结论相一致，验证了结果的稳定性。同时，进行年龄细分后，也可以从中发现许多新结论。

（1）分析网络购物节对不同年龄阶段消费者购买决策过程中信息搜集、方案评估、购买决定三个阶段行为的影响，可以得出：第一，低年龄消费者网络购物节的参与程度较高，浏览商品差异度的变化较大。这类消费者多为大学生群体，空闲时间多，因而其平时的享乐型浏览行为较多。第二，30~39 岁消费者网站访问次数和购买商品数量增加最多。这类消费者熟悉互联网且经济状况良好，网络购物节期间购买需求的增加显著高于其他年龄段的消费者。第三，高年龄的消费者转化率变化较大，说明网络购物节可以吸引平时不常购物的消费者。这类消费者平时很少进行网络购物，因此购买数量的增加会明显提高转化率。

（2）分析网络购物节对不同年龄阶段消费者决策过程中信息搜集、方案评估、购买决定三个阶段影响的性别差异时，可以得出：第一，30~39 岁消费者信息搜集和方案评估行为变化的性别差异最小。可能的原因是，这类消费者空闲时间少。而空闲时间少的消费者“时间可得性”低，进而其时间成本较高，用于搜索信息的时间成本高于较空闲的消费者[81]。因此，这类消费者平时的享乐型浏览行为少，从而导致网络购物节对其信息搜集和方案评估行为的影响作用有限，不会像其他年龄段的女性消费者一样明显高于男性。第二，40~49 岁消费者购买商品数量变化的性别差异最大。可能的原因是，这一年龄段的女性消费者在购物节期间除购买自己需要的商品外，还会购买很多家庭日用品，而男性消费者则不同。第三，40 岁以上消费者行为变化的性别差异大小均高于其他年龄段的消费者，说明对高年龄段消费者进行性别区分的重要性。

6.7　研究结论与不足

本书使用消费者浏览网站时产生的大样本购物日志数据，研究网络购物节对消费者决策过程中信息搜集、方案评估、购买决定的影响，分析性别差异，并结合年龄特征分析网络购物节对不同年龄段消费者影响的性别差异。研究主要有以下几点理论贡献：第一，基于消费者购物日志数据，从消费者决策过程的角度出发，揭示了网络购物节对消费者信息搜集、方案评估、购买决定三个阶段行为的影响，弥补了问卷研究的局限性，更加客观地反映消费者的行为。第二，研究揭示了网络购物节对消费者决策的影响存在性别差异，体现在网络购物节对信息搜集和方案评估行为的影响存在显著的性别差异，对消费者购买决定的影响并无显著的性别差异，但对高年龄段消费者购买决定的影响有显著性别差异。而且，高年龄段消费者决策变化的性别差异大小高于其他年龄阶段消费者。这些结论说明消费者的性别差异和年龄差异会影响消费者的购买决策，但对不同特征消费者的不同决策阶段行为的影响是不同的。第三，对消费者决策的性别差异以及不同年龄段消费者性别差异的特殊关注，扩充了消费者性别差异的研究，并强调了市场细分问题。

研究结论主要有以下几点管理启示：第一，网络购物节期间消费者决策发生变化。消费者花费更多精力搜集信息，网站访问更频繁。商家可利用这一时机采取有效措施吸引新客户、提高老客户的忠诚度。消费者的浏览商品差异度下降，购买目标更明确。商家应该针对消费者浏览过或收藏过的商品进行推荐或提醒，通过针对性的促销降低营销成本，提高销量。第二，网络购物节对消费者决策的影响存在性别差异。考虑到女性消费者网络购物节的访问频繁度更高，在制定个性化页面时，应该关注页面的变化，提高女性消费者的网站黏性。男性浏览商品差异度的减少高于女性，即男性在选择购买的商品时，比较较少的商品信息。商家应向男性消费者重点推荐其感兴趣的商品，而向女性可适当推荐更多的相关商品。高年龄段女性消费者购买数量的变化显著高于男性，商家在市场细分时应重点关注高年龄段的消费者。第三，不同年龄特征的消费者其购买决策的变化不同。低年龄段消费者访问次数增加最多，但购买数量的增加却最少。许多商品的初次购买都发生在这一时期，此时建立的品牌忠诚可能会延续到未来。因此，在网络购物节期间，应该重点增强年轻消费群体的购物满意度，提高其品牌忠诚度，而在提高购买数量方面可能效果并不十分明显。30~39 岁的消费者购买数量的增加最高，该群体对新事物接受力强且具有一定的收入和购买力。商家可重点关注这一消费群体，结合其偏好，确定促销商品品类及促销力度。网络购物节会吸引平时不常网上购物的高年龄消费者，商家可针对这一群体制定相应的营销措施，提高销量。

研究尚存在不够完善和需要扩展之处。首先，主要考虑消费者决策过程中的信息搜集、方案评估、购买决定三个阶段，分析消费者产生购买需求后，从进入网站到离开网站这一过程的行为变化，但并未分析消费者的需求认知和购买后行为的变化。其次，并未针对产品属性考虑消费者决策的行为变化。网络购物节期间的消费品类不断增多，消费者购买不同类型的产品时其购买决策是不同的，因此未来的研究可从商品属性出发分析网络购物节对消费者决策的影响。最后，本书通过分析不同特征的消费者受网络购物节影响其购买决策变化的差异，得出具有不同性别和年龄特征的消费者其决策过程中的行为特征是不同的，反映出不同特征的消费者具有不同的购买模式。因此，下一步的研究内容可从网络购物节期间消费者的购买模式方面进行分析，研究特定消费者群体对应的特有的购买模式，以及每种购买模式的特征。

6.8 小　结

目前，网络购物节的相关研究主要基于调查数据关注消费者的购买动机和满意度等方面，较少研究从网络遗留数据出发分析消费者的决策过程，尤其缺乏基于消费者特征的差异分析。基于购买决策五阶段模式和 SOR 模型提出研究框架，旨在发现网络购物节对消费者信息搜集、方案评估、购买决定行为的影响以及这一影响的性别差异，并将性别和年龄特征结合，进一步细分消费者群体，分析网络购物节对不同年龄阶段消费者影响的性别差异。利用双重差分方法对记录消费者网站访问行为的购物日志数据进行实证检验。基于大样本购物日志数据，从消费者决策过程的角度揭示了网络购物节的影响，弥补了问卷研究的局限性，更加客观地反映消费者行为。对消费者决策的性别差异以及不同年龄段消费者性别差异的特殊关注，扩充了消费者性别差异的研究，并强调了市场细分问题。研究结论对商家在网络购物节期间基于目标客户特征制定针对性的营销策略具有指导意义。

参 考 文 献

[1] 中国互联网络信息中心.《中国互联网络发展状况统计报告》. http://www.Cac.Gov.Cn/2018-01/31/c_1122347026.htm，2018-01-31.

[2] Swilley E，Goldsmith R E. Black Friday and cyber Monday：understanding consumer intentions on two major shopping days[J]. Journal of Retailing and Consumer Services，2013，20（1）：43-50.

[3] Kwon H J，Brinthaupt T M. The motives，characteristics and experiences of us black Friday shoppers[J]. Journal of Global Fashion Marketing，2015，6（4）：292-302.

[4] 王旭，杨福军. “双十一”期间网购顾客满意度研究[J]. 云南财经大学学报，2017（3）：147-161.

[5] Otnes C，Mcgrath M A. Perceptions and realities of male shopping behavior[J]. Journal of

Retailing，2001，77（1）：111-137.

[6] Wang E S-T. The effects of browsing frequency and gender on the relationship between perceived control and patronage intentions in e-tail[J]. International Journal of Electronic Commerce，2010，14（3）：129-144.

[7] Meyers-Levy J，Maheswaran D. Exploring differences in males' and females' processing strategies[J]. Journal of Consumer Research，1991，18（1）：63-70.

[8] Rodgers S，Harris M A. Gender and e-commerce：an exploratory study[J]. Journal of Advertising Research，2003，43（3）：322-329.

[9] Aguiar L，Martens B. Digital music consumption on the internet：evidence from clickstream data[J]. Information Economics and Policy，2016，34：27-43.

[10] Sweiger M，Mandsen M R，Langston J，et al. Clickstream Data Warehousing[M]. Beijing：Publishing House of Electronics Industry，2004.

[11] Im I，Jun J，Oh W，et al. Deal-seeking versus brand-seeking：search behaviors and purchase propensities in sponsored search platforms[J]. MIS Quarterly，2016，40（1）：187-203.

[12] van den Poel D，Buckinx W. Predicting online-purchasing behavior[J]. European Journal of Operational Research，2005，166（2）：557-575.

[13] Ho S Y，Tam K Y. An empirical examination of the effects of web personalization at different stages of decision making[J]. International Journal of Human Computer Interaction，2005，19（1）：95-112.

[14] Bucklin R E，Sismeiro C. Click here for internet insight：advances in clickstream data analysis in marketing[J]. Journal of Interactive Marketing，2009，23（1）：35-48.

[15] Engel J F，Kollat D T，Blackwell R D. Consumer Behavior[M]. New York：Holt，Rinehart and Winston，1973.

[16] Teo T S H，Yeong Y D. Assessing the consumer decision process in the digital marketplace[J]. Omega，2003，31（5）：349-363.

[17] Bell G C，Weathers M R，Hastings S O，et al. Investigating the celebration of black Friday as a communication ritual[J]. Journal of Creative Communications，2014，9（3）：235-251.

[18] Boyd T J，Peters C. An exploratory investigation of black Friday consumption rituals[J]. International Journal of Retail & Distribution Management，2011，39（7）：522-537.

[19] Raymen T，Smith O. What's deviance got to do with it? Black Friday sales，violence and hyper-conformity[J]. British Journal of Criminology，2015，56（2）：389-405.

[20] Xu Y，Chong T W，Krilavičius T，et al. Perceived benefits，risks and trust on online shopping festival[C]//Dregvaite G，Damasevicius R. Information and Software Technologies. ICIST 2015. Communications in Computer and Information Science，（538）：225-235. Springer，Cham，2015.

[21] 韩睿，田志龙. 促销类型对消费者感知及行为意向影响的研究[J]. 管理科学，2005，（2）：85-91.

[22] 卢长宝，秦琪霞，林颖莹. 虚假促销中消费者购买决策的认知机制：基于时间压力和过度自信的实证研究[J]. 南开管理评论，2013，16（2）：92-103.

[23] 孙瑾. 消费者服务购买决策过程的影响机制研究[M]. 北京：中国社会科学出版社，2010.

[24] Bettman J R. An information processing theory of consumer choice[J]. Journal of Marketing，1979，43（2）：124-126.

[25] Maity M，Dass M. Consumer decision-making across modern and traditional channels：e-commerce，m-commerce，in-store[J]. Decision Support Systems，2014，61：34-46.

[26] Maniatis P. Investigating factors influencing consumer decision-making while choosing green products[J]. Journal of Cleaner Production，2016，132：215-228.

[27] Dholakia U M. A motivational process model of product involvement and consumer risk perception[J]. European Journal of Marketing，2001，35（11~12）：1340-1362.

[28] Punj G N，Staelin R. A model of consumer information search behavior for new automobiles[J]. Journal of Consumer Research，1983，9（4）：366-380.

[29] Senecal S，Kalczynski P J，Nantel J. Consumers' decision-making process and their online shopping behavior：a clickstream analysis[J]. Journal of Business Research，2005，58（11）：1599-1608.

[30] Brynjolfsson E，Smith M D. Frictionless commerce? A comparison of internet and conventional retailers[J]. Management Science，2000，46（4）：563-585.

[31] Ratchford B T，Lee M S，Talukdar D. The impact of the internet on information search for automobiles[J]. Journal of Marketing Research，2003，40（2）：193-209.

[32] 孙曙迎. 我国消费者网上信息搜寻行为研究[D]. 浙江大学管理学院博士学位论文，2009.

[33] 李东进. 消费者搜寻信息努力的影响因素及其成果与满意的实证研究[J]. 管理世界，2002，（11）：100-107.

[34] Moorthy S，Ratchford B T，Talukdar D. Consumer information search revisited：theory and empirical analysis[J]. Journal of Consumer Research，1997，23（4）：263-277.

[35] 张喆，胡冰雁. 感知风险对创新产品信息搜寻的影响——消费者创新性的调节作用[J]. 管理评论，2014，26（8）：145-157.

[36] Yeoh P L. A conceptual framework of antecedents of information search in exporting：importance of ability and motivation[J]. International Marketing Review，2013，22（2）：165-198.

[37] Hess T M，Queen T L，Ennis G E. Age and self-relevance effects on information search during decision making[J]. Journals of Gerontology，2013，68（5）：703-711.

[38] Moe W W. Buying，searching，or browsing differentiating between online shoppers using in-store navigational clickstream[J]. Journal of Consumer Psychology，2003，13（1~2）：29-39.

[39] Evanschitzky H，Wunderlich M. An examination of moderator effects in the four-stage loyalty model[J]. Journal of Service Research，2006，8（4）：330-345.

[40] Hui T K，Wan D. Factors affecting internet shopping behaviour in Singapore：gender and educational issues[J]. International Journal of Consumer Studies，2007，31（3）：310-316.

[41] Meyers-Levy J，Sternthal B. Gender differences in the use of message cues and judgments[J]. Journal of Marketing Research，1991，28（1）：84-96.

[42] Meyers-Levy J. The influence of sex roles on judgment[J]. Journal of Consumer research，1988，14（4）：522-530.

[43] 刁雅静，何有世，王念新，等. 商品类型对消费者评论认知的影响：基于眼动实验[J]. 管

理科学，2017，30（5）：3-16.

[44] Chiu Y B，Lin C P，Tang L L. Gender differs：assessing a model of online purchase intentions in e-tail service[J]. International Journal of Service Industry Management，2005，16（5）：416-435.

[45] Dub L，Morgan M S. Trend effects and gender differences in retrospective judgments of consumption emotions[J]. Journal of Consumer Research，1996，23（2）：156-162.

[46] Coley A，Burgess B. Gender differences in cognitive and affective impulse buying[J]. Journal of Fashion Marketing and Management，2003，7（3）：282-295.

[47] Panagiotelis A，Smith M S，Danaher P J. From amazon to apple：modeling online retail sales，purchase incidence，and visit behavior[J]. Journal of Business & Economic Statistics，2014，32（1）：14-29.

[48] Moe W W，Fader P S. Dynamic conversion behavior at e-commerce sites[J]. Management Science，2004，50（3）：326-335.

[49] Wang H，Wei Q，Chen G. From clicking to consideration：a business intelligence approach to estimating consumers' consideration probabilities[J]. Decision Support Systems，2013，56：397-405.

[50] 李双双，陈毅文. 点击流：一种研究网上消费者的新范式[J]. 心理科学进展，2007，15（4）：715-720.

[51] Holsing C，Olbrith R. Modeling consumer purchasing behavior in social shopping communities with clickstream data[J]. International Journal of Electronic Commerce，2011，16（2）：15-40.

[52] Mehrabian A，Russell J A. An Approach to Environmental Psychology[M]. Cambridge：The MIT Press，1974.

[53] Mikalef P，Giannakos M，Pateli A. Shopping and word-of-mouth intentions on social media[J]. Journal of Theoretical and Applied Electronic Commerce Research，2013，8（1）：17-34.

[54] Bronner F，Hoog R D. Social media and consumer choice[J]. International Journal of Market Research，2014，56（1）：51-71.

[55] Kang J Y M，Johnson K K，Wu J J. Consumer style inventory and intent to social shop online for apparel using social networking sites[J]. Journal of Fashion Marketing and Management，2014，18（3）：301-320.

[56] Ng C S P. Intention to purchase on social commerce websites across cultures：a cross-regional study[J]. Information & Management，2013，50（8）：609-620.

[57] Hajli M N. A study of the impact of social media on consumers[J]. International Journal of Market Research，2014，56（3）：387-404.

[58] Pyry E，Parvinen P，Malmivaara T. Can we get from liking to buying? Behavioral differences in hedonic and utilitarian facebook usage[J]. Electronic Commerce Research and Applications，2013，12（4）：224-235.

[59] Parboteeah D V，Valacich J D，Wells J D. The influence of website characteristics on a consumer's urge to buy impulsively[J]. Information Systems Research，2009，20（1）：60-78.

[60] Sohaib O，Kang K. Individual level culture influence on online consumer trust aspects towards purchase intention across cultures：a SOR model[J]. International Journal of Electronic

Business，2015，12（2）：142-161.

[61] Peng C，Kim Y G. Application of the stimuli-organism-response framework to online shopping behavior[J]. Journal of Internet Commerce，2014，13（3~4）：159-176.

[62] Zhang K Z K，Benyoucef M. Consumer behavior in social commerce：a literature review[J]. Decision Support Systems，2016，86：95-108.

[63] Moe W W. An empirical two-stage choice model with varying decision rules applied to internet clickstream data[J]. Journal of Marketing Research，2006，43（4）：680-692.

[64] Huang P，Lurie N H，Mitra S. Searching for experience on the web：an empirical examination of consumer behavior for search and experience goods[J]. Journal of Marketing，2009，73（2）：55-69.

[65] Bhatnagar A，Sen A，Sinha A P. Research note—providing a window of opportunity for converting estore visitors[J]. Information Systems Research，2017，28（1）：22-32.

[66] 叶作亮，王雪乔，宝智红，等. C2C 环境中顾客重复购买行为的实证与建模[J]. 管理科学学报，2011，14（12）：71-78.

[67] Hauser J R，Wernerfelt B. An evaluation cost model of consideration sets[J]. Journal of Consumer Research，1990，16（4）：393-408.

[68] Kristofferson K，Mcferran B，Morales A C，et al. The dark side of scarcity promotions：how exposure to limited-quantity promotions can induce aggression[J]. Journal of Consumer Research，2016，43（5）：683-706.

[69] Mela C F，Gupta S，Lehmann D. The long-term impact of promotion and advertising on consumer brand choice[J]. Journal of Marketing Research，1997，34（2）：248-261.

[70] Holt D B，Thompson C J. Man-of-action heroes：the pursuit of heroic masculinity in everyday consumption[J]. Journal of Consumer Research，2004，31（2）：425-440.

[71] Putrevu S. Exploring the origins and information processing differences between men and women：implications for advertisers[J]. Academy of Marketing Science Review，2003，20：1-14.

[72] Hoyer W D，Macinnis D J. Consumer Behavior[M]. 5th Ed. Boston：Houghton Mifflin Company，2001.

[73] 江林，丁瑛. 消费者心理与行为[M]. 北京：中国人民大学出版社，2015.

[74] 金淳，董秋，吕苗. 基于 agent 的网站促销下消费者行为仿真研究[J]. 系统工程理论与实践，2014，34（4）：845-853.

[75] Meyers-levy J. The influence of sex roles on judgment[J]. Journal of Consumer Research，1988，14（4）：522-530.

[76] Tiffere S，Herstein R. Gender differences in brand commitment，impulse buying，and hedonic consumption[J]. Journal of Product & Brand Management，2012，21（3）：176-182.

[77] Johnson E J，Moe W W，Fader P S，et al. On the depth and dynamics of online search behavior[J]. Management Science，2004，50（3）：299-308.

[78] Schewe C D，Meredith G. Segmenting global markets by generational cohorts：determining motivations by age[J]. Journal of Consumer Behaviour，2004，4（1）：51-63.

[79] Cole C A，Balasubramanian S K. Age differences in consumers' search for information：public

policy implications[J]. Journal of Consumer Research，1993，20（1）：157-169.

[80] Lambert-Pandraud R, Laurent G, Lapersonne E. Repeat purchasing of new automobiles by older consumers：empirical evidence and interpretations[J]. Journal of Marketing，2005，69（2）：97-113.

[81] Avery R J. Determinants of search for nondurable goads：an empirical assessment of the economics of information theory[J]. Journal of Consumer Affairs，1996，30（2）：390-420.